Fede e Tinto

111 Weine aus Italien, die man getrunken haben muss

Herausgegeben von Andrea Amadei

Mit Fotografien von Rosa Tortora

111

emons:

Bibliografische Information der Deutschen Nationalbibliothek
Die Deutsche Nationalbibliothek verzeichnet diese Publikation in der Deutschen Nationalbibliografie; detaillierte bibliografische Daten sind im Internet über http://dnb.d-nb.de abrufbar.

Übersetzung aus dem Italienischen: Carsten Drecoll
Layout: Eva Kraskes, nach einem Konzept von Lübbeke | Naumann | Thoben
Printed in Germany 2016
ISBN 978-3-95451-861-6

Vorwort

Das wäre doch ein Glück, hätte man ein Buch, aus dem man sich von Zeit zu Zeit Weine heraussuchen könnte, die man im Leben nicht verpassen sollte. Im Leben!

Hier geht es also nicht um die Weinkarte in einem Restaurant oder bei einer Veranstaltung, hier sprechen wir über das ganze Leben. Ein wunderbar langer Zeitraum, um sich die Auswahl von Fede & Tinto zu Gemüte zu führen. Eine sehr durchdachte Auswahl, mit großer Sorgfalt erstellt, können Fede & Tinto doch mit Fug und Recht mittlerweile als Profi-Sommeliers gelten. Ihre Lehrjahre im Radio und im Fernsehen garantieren uns, dass sie mit Augenmaß und Ausgewogenheit die 111 Weine ausgesucht haben, die man wenigstens einmal im Leben trinken sollte. Damit machen sie uns auch mit 111 Familien und Orten bekannt, die den Zauber Italiens ausmachen. Und mit der Großartigkeit eines Landes, das in der Welt des Weines den ersten Platz einnimmt, wenn es um die Verschiedenartigkeit und Vielfalt der Rebsorten geht, die größer ist als im Rest der Welt. Die Magie der Geschmäcke, Düfte und Farben, die wir natürlich in unseren Sommelierkursen ansprechen, werden von Fede & Tinto mit Witz und Kennerschaft beschrieben und helfen, die 111 Weine ein ganzes Leben lang im Gedächtnis zu behalten.

Also ein Buch, das man sich auf den Nachttisch, in die Küche, auf den Schreibtisch bei der Arbeit oder zu Hause legen kann, in die Nähe des Computers, des Telefons, ins Auto oder neben die Lehrbücher aus dem Sommelierkurs …

111 Weine können reichen, um glücklich zu sein.

Franco Maria Ricci
Präsident und Gründer der »Fondazione Italiana Sommelier«

Eine Bemerkung vorneweg

Wein trinken ist ein bisschen wie Radio hören, wirklich und wahrhaftig eine mentale Reise, ein sinnliches Vergnügen, das über die Geschmacksknospen hinausgeht. Italien lässt sich am besten mit dem Gaumen entdecken. Denn hinter und in einer Flasche Wein verbirgt sich immer eine Geschichte, die erzählt werden möchte. Das haben wir in den zwölf intensiven Jahren unserer Radiosendung (»Decanter« auf Radio2) und Fernsehauftritte (»Magica Italia« – »Magisches Italien« und »Linea verde Orizzonti« – »Hotline Horizonte« auf Rai Uno, »Fuori di Gusto« – »Mit Gusto unterwegs« auf La7 und »Un Pesce di nome Tinto« – »Ein Fisch namens Tinto« auf RaiDue) gelernt, die uns kreuz und quer durchs *Bel paese* geführt haben und dies immer noch tun: Es sind Geschichten über die Leidenschaft für das Land, die manchmal über Jahrhunderte vererbt wurde, manchmal neu entstanden ist, weil sie vielleicht nach stressreichen Jahren des Stadtlebens entdeckt oder als Liebespfand erworben wurde. Es ist genau diese Leidenschaft, von der wir erzählen möchten und die wir so gern im Weinglas wiederfinden. Einen guten Wein zu machen ist vor allem ein Liebesakt. Man kann es nicht wirklich tun ohne eine starke und aufrichtige Motivation. Da käme kein Wein, sondern fades Abwaschwasser dabei heraus! Es ist wie beim Kochen: Alles hängt davon ab, ob man für sich allein kocht, vielleicht nach einem stressigen Arbeitstag schlecht gelaunt, oder ob man dasselbe Gericht für eine geliebte Person zubereitet und auf jedes Detail achtet. Die Zutaten sind dieselben, aber die Ergebnisse sind meilenweit voneinander entfernt.

Bei unserer Sendung »Decanter« auf Radio2 haben wir gelernt, über Wein auf eine innovative Weise zu erzählen, gesellig und fröhlich, ohne dieses aristokratische Gehabe, das Doktoren und Gelehrten beziehungsweise den selbst ernannten Experten so gefällt und das die ganze Sache für die meisten Menschen unverständlich macht, uns eingeschlossen. Der Wein ist ein Produkt des Bodens, das von Menschen in Handarbeit hergestellt wird, die mit beiden Beinen auf der Erde stehen. Uns gefällt es, den Wein in diesem Sinne zu vermitteln, mit Einfachheit und Ironie. Gewiss ist es eine aufwendige Angelegenheit, Wein zu machen. Bis eine junge Rebe Früchte trägt, braucht es fünf Jahre, ein Jahr benötigen die Beeren zur Reife. Schließlich bedarf es großer Meisterschaft, um den Most zu einem guten Wein zu formen. Während dieser Zeit ist man den Kapriolen des Wetters und der Natur ausgeliefert, die häufig alle Mühen des Winzers zunichtemachen. Jeder Produzent geht mit diesen Widrigkeiten auf eigene Weise um, lernt, sie vorherzusehen und zu bewältigen – und dabei selbst wieder Teil des natürlichen Zyklus der Natur und der Elemente zu werden. Uneinsichtig versuchen wir, uns diesem Kreislauf zu entziehen, und sind doch unweigerlich integraler Bestandteil. Mutter Natur erinnert uns bei jeder Überschwemmung und jedem Hagelschlag daran, aber auch bei jedem Schluck von einem einzigartigen Nektar, der lebendig und imstande ist, mit der Zeit immer besser zu werden und von der Kultur eines ganzen Landes zu erzählen. Bis der Wein in der Flasche ist, vergehen arbeitsreiche Jahre. So manches Jahr widersteht man der Versuchung, ihn zu öffnen, weil man auf seine Entwicklung im Keller wartet. Und dann braucht es nur wenige Sekunden, um ihn zu trinken. Möglicherweise zum Vergnügen und zur Entspannung. Also ohne allzu viele Schwenkereien des Glases, aber doch mit der gebotenen Dankbarkeit. Hier sind sie nun: 111 Geschichten von Winzerfamilien, 111 Produktionsweisen, 111 önologische Philosophien – jede auf ihre Art bedeutsam, nicht wegen der Quantität, sondern wegen der Qualität, denn bekanntlich ist es die Letztere, die auf lange Sicht den Unterschied macht.

Schöne Worte, doch glaubt nicht, dass das alles auf unserem Mist gewachsen ist (oder auf unserem Weinstock, um im Bild zu bleiben). Besonders danken möchten wir Franco Maria Ricci, Präsident der »Fondazione Italiana Sommelier«, Paola Simonetti, allen Dozenten der F.I.S. und den Redakteuren von »Bibenda« für ihre Unterstützung und Geduld. Den Freunden, mit denen wir – abgesehen von den mindestens 111 Verkostungen – auch die Weinlektionen fürs Radio realisiert haben, »Sommelier ma non troppo« (Sommelier ohne Getue), die man kostenfrei als Podcast auf www.decanter.rai.it herunterladen kann. Zu guter Letzt wäre alles, wirklich alles, gar nicht möglich gewesen ohne unsere täglichen Zuhörer, Leser und Zuschauer. Und ohne euch, die Leser, würde es auch keinen Spaß machen, diese Geschichten zu erzählen,

Salute!

Fede & Tinto

Einlcitung

Einen guten Wein zu machen ist keine rein produktive Tätigkeit, sondern die narzisstische Verkörperung einer Persönlichkeit. Der Produzent verbringt sein Leben damit, zu lernen, wie er seine Vorstellung von Wein in eine Flasche bekommt. Der Konsument verbringt das seine mit der Suche nach einer Emotion, die immer stärker, immer näher an der Vollkommenheit ist. Jeder hat eine eigene Vorstellung vom perfekten Wein im Kopf, eine immaterielle Vorstellung, die sich ständig weiterentwickelt und die sich mit der persönlichen Erfahrung sowie dem Wechsel der Meinungen verändert. Angesichts der Subjektivität der Vorstellung vom »guten Wein« fragt man sich, wie sich eine Sprache finden lässt, mit der man eine Flasche in objektiver Weise beschreiben kann. Bei einer langweiligen Beschreibung des Sinneseindrucks an Lippen und Gaumen kann man es sicher nicht belassen. Unvermeidlicherweise würde man alles auf Chemie mit ihren Fachausdrücken reduzieren, die nur wenige verstehen. Wein ist reine Emotion.

Der Schriftsteller Mario Soldati war der Meinung, dass man den Wein wie einen Traum beschreiben sollte. Damit meinte er, die Gefühle wiederzubeleben, die er selbst beim Besuch des Ortes empfunden hatte, an dem der Wein wächst. »Es muss sich also jeder darauf beschränken, den Geschmack des Weines zu beschreiben, indem er von sich selbst ausgeht, seine eigenen Empfindungen absolut ehrlich schildert und dann darauf vertraut, dass andere im richtigen Moment nicht zu unterschiedliche Eindrücke haben« (M. Soldati, »Vino al Vino«, Libri Illustrati, 1977).

Das haben wir in diesem Buch getan und von 111 unterschiedlichen Emotionen erzählt. Eins ist sicher: Um einen Wein grundlegend zu verstehen, muss man ihn an dem Ort trinken, wo ihn sein »Autor« erdacht hat. Man muss die Landschaft bewundern, in der die Weinstöcke verwurzelt sind, die Luft atmen, die auch die Trauben atmen, und mit dem reden, der den Wein »macht«. Also machen Sie sich auf die Reise, sooft Sie nur können, und stoßen Sie an auf unser *Bel paese*.

Andrea Amadei

Preiskategorien

• < 20 Euro | •• 21-36 Euro | ••• 36-50 Euro | •••• 50-100 Euro | ••••• > 100 Euro

111 italienische Weine

1 Der Zeit einen Schritt voraus

Der Wein der Familie Charrère ••

Man sagt, die Stärke eines Künstlers bestünde in seiner Fähigkeit, die Zukunft zu erahnen und sich im Laufe der Zeit stets neu zu erfinden. Diese Vorstellung lässt sich auf jede größere Unternehmung übertragen und vielleicht auch ein wenig auf das Kunsthandwerk des Weinmachens. Denn auch hier gibt es einige Beispiele für diese Mentalität – wie das Weingut Les Crêtes.

Es wurde 1750 von Bernardin Charrère gegründet, der aus Hoch-Savoyen nach Aymavilles einwanderte. Hier legte er die Fundamente für die größte Weinkellerei im Aostatal, die bis heute von seiner Familie betrieben wird. Bis 1955 produzierte das Landgut Nussöl und unterschiedliche Mehlsorten. Als dann immer mehr Olivenöl und Mehlerzeugnisse von auswärts auf den Markt kamen, war es Antoine, Bernardins Urenkel, der sich entschied, ganz auf hochwertigen Wein zu setzen. Als man auf den meisten italienischen Weinflaschen noch lediglich »Rot« oder »Weiß« lesen konnte, baute Antoine seine Lagen bereits separat aus und benannte die Sorten auf den Etiketten. Constantino hat die Arbeit seines Vaters Antoine fortgeführt, das Gut erweitert und einige autochthone Rebsorten wiederentdeckt, darunter den Prié Rouge und den Fumin.

Heute sind auf dem Weingut neben *Papà* Constantino und *Mamma* Imelda die Töchter Elena und Eleonora aktiv und damit die sechste Generation. Die große Sorgfalt bei der Pflege der Reben, die geringe Anwendung von Spritzmitteln und die Mitwirkung der Natur, die bedeutende Temperaturschwankungen beisteuert, haben zur Entwicklung von Rebsorten von außergewöhnlicher Qualität geführt. Das Schmuckstück des Weingutes ist der Chardonnay Cuvée Bois, der elf Monate in mittelgroßen Fässern in Kontakt mit den Hefen verbringt. Er hat eine gelb-goldene Farbe, duftet nach geröstetem Brot, frischer Butter und exotischen Früchten. Der Wein ist körperreich und ausgewogen und hat eine wunderbare Frische und Mineralität. Der Abgang ist endlos ... wie Tinto, wenn er die Piste in Cervinia hinabsaust. *Salute!*

Valle d'Aosta Chardonnay Cuvée Bois | Bianco Dop | Chardonnay 100% | Les Crêtes | Loc. Villetos 50 | 11010 Aymavilles (AO) | Tel. 0165/902274 | www.lescretes.it | info@lescretes.it

LES CRÊTES®
VALLE D'AOSTA
Denominazione di Origine Protetta
CHARDONNAY
Cuvée Bois

2 Dolce Vita

Nach Moscato-Art •

Neviglie ist ein kleines Dorf in der Langhe. Es befindet sich am rechten Ufer des Tanaro, zwischen den Gemeinden Barbaresco, Treiso und Neive. Auf mittlerem Weg zwischen Letzterem und Neviglie kommt irgendwann auf der linken Seite ein kleiner Hügel in Sicht, der mit Weinreben bedeckt ist. Oben auf diesem Hügel findet sich wie eine Kirsche auf der Torte das Anwesen der Bera. Die Winzertradition dieser Familie reicht mehr als ein Jahrhundert zurück, doch erst am Ende der 1970er Jahre haben sie angefangen, ihre eigenen Weine in Flaschen abzufüllen und zu verkaufen. Heute wird das Unternehmen von Valter Bera geführt, und seine Weine werden von den Verehrern des süßen Perlweines als wahre Kleinode angesehen. Schlecht beraten ist, wer diesen Wein unterbewertet, denn wenn der Moscato mit Sorgfalt hergestellt wird, erfüllt er hohe Ansprüche – nicht nur zum Dessert.

Diese Rebsorte stammt ursprünglich aus Griechenland. Ihren Namen verdankt sie den moschusartigen Düften der Trauben, die reich an Aromen und Zucker sind. Dank der frischen Temperaturen im Piemont behalten die Weine, die man aus der Rebe gewinnt, eine angenehme Säure, die gut mit dem hohen Zuckergehalt kontrastiert.

Der Wein kann zu jeder beliebigen Süßspeise getrunken werden oder auch zu einem Happen aus Brot und Salami, wie es der Regisseur und Schriftsteller Mario Soldati gern tat. Das Aushängeschild der Bera ist der Moscato d'Asti Su Reimond, gewonnen aus den Trauben der gleichnamigen Rebstöcke, die inzwischen 40 Jahre alt sind. Die Südlage der Reben und der kalkreiche Boden verleihen dem Wein Struktur, Komplexität und Finesse, während die Pressung direkt nach der Ernte erlaubt, alle Aromen der Traube zu erhalten. Der Wein duftet nach Pfirsich, Apfel, Zitrusfrüchten mit einer Note Salbei und Minze. Die perlenden Bläschen kitzeln den Gaumen, die Säure erfrischt, und die Süße befriedigt die Geschmacksnerven.

Trinken Sie ihn bei einer Temperatur von sieben Grad Celsius. *Salute!*

Moscato d'Asti Su Reimond | Bianco Dolce DOCG | Moscato 100% | Bera |
Loc. Castelliero 12 | Cascina Palazzo | 12050 Neviglie (CN) | Tel. 0173/630194 |
www.bera.it | info@bera.it

SU REIMOND 2014
MOSCATO D'ASTI
DENOMINAZIONE DI ORIGINE CONTROLLATA E GARANTITA
C. Carosso
PRODUCT OF ITALY
WHITE WINE BOTTLED BY
IMBOTTIGLIATO ALL'ORIGINE DAL VITICOLTORE
BERA
AZIENDA AGRICOLA NEVIGLIE ITALY
750 ML e
ALC. BY VOL. 5%
ITALY

3 Die Wächter des Barolo

Nur mit der Ruhe, Sie können ihn ganz normal trinken ••••

Das Weingut Borgogno wurde 1761 von Bartolomeo Borgogno gegründet. Das Unternehmen erlangte in kurzer Zeit eine unvergleichliche Bekanntheit, sodass man 1861 den Barolo Borgogno wählte, um bei einem pompösen Festmahl auf die nationale Einheit anzustoßen.

Eine Schlüsselfigur der Geschichte dieses Weingutes ist Cesare Borgogno, der Jüngste von fünf Geschwistern, der 1920 die Leitung übernahm, mit gerade mal 20 Jahren. Er begründete die Tradition, in den Weinkellern einen Teil der besten Jahrgänge aufzubewahren. So sammelte sich ein unschätzbares önologisches Gedächtnis der Langhe an.

Heute hüten die alten Keller des Gutes Borgogno etwa 50.000 Flaschen der besten Barolojahrgänge, die es je gegeben hat. 2008 wurde das Unternehmen von der Familie Farinetti gekauft, dieselbe, die auch die bekannte Kette »Eataly« besitzt, und wird seither vom jungen Andrea geführt. Es gibt einige Parallelen zu Cesare Borgogno. Auch Andrea ist 20 Jahre alt, der Jüngste unter seinen Brüdern und besitzt eine Begeisterung für den Verkauf, ein Diplom in Önologie und eine tief gehende Leidenschaft für den Wein und die Langhe. Heute ist das Gut Borgogno bei der Organisation »Vino Libero« (Freier Wein) ganz vorne mit dabei und somit frei von übermäßiger Chemie wie auch Bürokratie, die die Produzenten in Italien gängelt. Der Barolo »Liste« ist einer der Höhepunkte des Weingutes.

Der Wein ist aus Trauben entstanden, die von der gleichnamigen Anbaufläche stammen. Diese besitzt eine ausgezeichnete Sonnenlage sowie einen reichhaltigen Boden, was ihm eine unvergleichliche Komplexität verleiht. Von granatapfelroter Farbe, duftet er nach Rosen, Veilchen, Kirschen, Sandelholz, Humus, Weihrauch und einer Reihe süßer Gewürze. Die starken und dennoch subtilen Tannine verleihen ihm seine erstaunliche Langlebigkeit. Genießen Sie ihn mit einer guten Portion Polenta und Schmorbraten. *Salute!*

Barolo Liste | Rosso DOCG | Nebbiolo 100% | Borgogno | Via Gioberti 1 | 12060 Barolo (CN) | Tel. 0173/56108 | www.borgogno.com | info@borgogno.com

BORGOGNO
Barolo
Liste
2010

4__Auf ganz Barbera

Der Wein für einen perfekten Abend •••

Der moderne Barbera hat einen Vater, und der heißt Giacomo Bologna, genannt Braida. Der Spitzname wurde zuerst seinem Vater Giuseppe wegen seiner Wendigkeit beim »Pallone Elastico« verliehen (einer piemontesischen Variante des Faustballs) und ist später auf den Sohn übergegangen. Neben der Bezeichnung hat dieser auch die Leidenschaft für den Wein geerbt. Giuseppe kultivierte Barbera-Reben für sich und seine Freunde. Aus den Trauben gewann er einen frischen Rotwein, den man jung trinken musste. So waren sie einmal alle, die Barbera, die als Töchter einer minderwertigen Rebsorte betrachtet wurden, verglichen mit den Barolo- oder Barbaresco-Weinen.

Giacomo gründete sein Unternehmen 1961 in Rocchetta Tanaro, im Monferrato Astigiano, heute ein UNESCO-Welterbe. Sein Einfall war es, einen starken und langlebigen Wein aus der »einfachen« und autochthonen Barbera-Traube herzustellen. Aus diesem Experiment ist der Bricco dell'Uccellone entstanden, der seinen Namen erhielt, weil auf der Anhöhe (*bric* im Piemontesischen), wo sich der Weinberg befindet, einst eine alte Frau mit einer hervorstechenden Nase wohnte, der man den Spitznamen *uselun* (*uccellone* – großer Vogel) gegeben hatte.

Es handelt sich um einen eleganten Wein von dunkler, rubinroter Farbe mit purpurnen Reflexen. Er duftet intensiv nach reifen und eingelegten Brombeeren, Lakritz, Muskatnuss, Tabak, Kaffee und Kakao. Im Mund ist er samtig, mit einer bemerkenswerten Struktur und einem feinen Gleichgewicht von Weichheit, Frische und Schmackhaftigkeit. Er passt zu Fleischgerichten und Gebratenem, auch mit Soßen oder Steinpilzen sowie gereiften Käsesorten. Auch heute überzeugt uns dieser Wein immer wieder, auch wenn Giacomo nicht mehr unter uns ist. Seine Leidenschaft lebt weiter durch das Engagement seiner Kinder Giuseppe und Raffaella, beide ausgebildete Önologen, die heute das Unternehmen leiten und sich zum Ziel gesetzt haben, das Ansehen des Barbera in der ganzen Welt zu konsolidieren und zu fördern. *Salute!*

Barbera d'Asti Bricco dell'Uccellone | Rosso DOCG | Barbera 100% |
Braida Giacomo Bologna | Strada Provinciale 27, 9 | Loc. Ciappellette |
14030 Rocchetta Tanaro (AT) | Tel. 0141/644113 | www.braida.it | info@braida.it

Braida
2012
Bricco dell'Uccellone
Barbera d'Asti
di origine controllata
e
garantita
Imbottigliato da
"Braida" s.s.
Rocchetta Tanaro - Italia
Prodotto in Italia - Product of Italy
L1294

5__Ein Wein für Könige

Die Keller des Carlo Alberto von Savoyen •••

Dass der Wein in den Kellern dieses Schlosses aus dem 16. Jahrhundert gut wird, ist bekannt. Das hatte bereits Carlo Alberto von Savoyen verstanden, der das Gut 1834 kaufte und den Verantwortlichen für die Weinproduktion der königlichen Güter, Paolo Francesco Staglieno, beauftragte, einen Wein zu produzieren, der für die höchsten Würdenträger des Staates geeignet wäre. Staglieno, General im Ruhestand, konnte sich mit Körper und Seele an die Erforschung des Nebbiolo machen, indem er die Methodenexperimente von Giulia Falletti Colbert in Barolo verfolgte (siehe Seite 34).

Der General war für seine Studien in puncto Önologie in der Langhe sehr bekannt. Sein Buch ist ein Meilenstein der Önologie: »Istruzione intorno al miglior modo di fare e conservare i vini in Piemonte« (Unterweisung rund um die beste Art, Weine im Piemont herzustellen und zu konservieren). Seit 1963 ist das Schloss im Besitz der Familie Burlotto, die mit viel Sachkunde und Traditionsbewusstsein Barolo-, Barbaresco- und Nebbiolo-Weine sowie auch einen ausgezeichneten Pelaverga anbietet. Von diesen hat uns am meisten der Riserva di Barbaresco Rabajà beeindruckt. Von diesem Wein werden nur wenige Flaschen produziert, und zwar nur von den großen Jahrgängen und nur mit den besten Trauben.

Der Name Rabajà stammt von dem Terrain, wo der alte Weinberg gedeiht, eine der besten Lagen für den Barbaresco. Die gute Sonnenlage und der kalkreiche Boden schenken den Weinen Eleganz, einen Reichtum an Duftnoten und eine bemerkenswerte Langlebigkeit. Vor allem der Rabajà di Castello di Verduno hat eine schöne granatrote Farbe, duftet nach Kirschen, Rosen und Johannisbeere mit Balsamnoten von Ginster und der Rinde der Bergkiefer aus Abetone. Er hat eine optimale Frische mit genau ausbalancierten Tanninen.

Der Geschmack bleibt lange und angenehm auf dem Gaumen. Kombinieren Sie den Wein mit Fleisch vom Grill oder Holzfeuer oder einem schönen Teller Ravioli *del plin* in Bratensoße *al Barbaresco. Salute!*

Barbaresco Rabajà Riserva | Rosso DOCG | Nebbiolo 100% | Castello di Verduno | Via Umberto I 9 | 12060 Verduno (CN) | Tel. 0172/470284 | www.castellodiverduno.com | cantina@castellodiverduno.com

BEISA
BEISA
BARBARESCO
DENOMINAZIONE DI ORIGINE CONTROLLATA E GARANTITA
RABAJÀ
FOGLIO DI MAPPA N. V - PART. N. 317/320/408/409 HA. 1.26
RISERVA
2009
ESTATE BOTTLED BY
CASTELLO DI VERDUNO
Verduno - Italia - Product of Italy

6 Der süße Geschmack eines Bodens

Mit dem Moscato liegt man nie daneben •

Die Geschichte dieses Weingutes beginnt in den 40er Jahren in Castiglione Tinella in der Provinz Cuneo zwischen der Langhe und dem Monferrato Astigiano, einer Gegend, die schon immer als eine der besten galt, wenn es um die Moscato-Traube geht. Als 20 Jahre später der Sohn Romano Dogliotti ins Geschäft eintrat, begann das Unternehmen den eigenen Wein in Flaschen abzufüllen.

In diesen Jahren besuchte auch Mario Soldati das Weingut. Dort begeisterte er sich für den natürlichen Moscato, der die Korken springen lässt, wenn er bei Neumond abgefüllt wird, während er kaum perlt, wenn er bei abnehmendem Mond abgefüllt wird. Infolge dieser ersten Experimente entsteht der Moscato d'Asti La Caudrina – das erste Etikett des Unternehmens. Ein essenzieller Wein, der einfach ist und doch große Geschmackserlebnisse bereithält. Untrennbar verbunden mit den Traditionen des eigenen Bodens und offen für neue Technologien produziert Caudrina heute verschiedene Weine, weiße und rote, alle DOC und jeder ein eigenständiger Ausdruck des Terroirs.

Der Moscato, den wir Ihnen empfehlen, wird aus Trauben gemacht, die auf ton- und kalkhaltigen Böden gedeihen und dem Wein Feinheit, Struktur und auch Langlebigkeit verleihen. Wenn Sie in irgendeiner Ecke Ihres Kellers eine Flasche dieses Nektars entdecken, die Sie vor sechs bis sieben Jahren gekauft haben, scheuen Sie sich nicht, sie für ein Abendessen hervorzuholen. Im Glas zeigt der Wein eine reichhaltige strohgelbe Farbe und besticht mit Düften von Salbei, Minze, weißen Blüten, gelben Pfirsichen und Limonen. Im Mund ist er süß und angenehm säuerlich. Zusammen mit der Perlung und dem geringen Alkoholgrad (5 Prozent) machen diese Eigenschaften ihn sehr trinkbar und gefällig. Er passt ausgezeichnet zu allen Süßigkeiten, von trockenem Gebäck bis zu Hefeteilchen, von frischer Obsttorte bis zu Cremespeisen mit Amaretto. *Salute!*

Moscato d'Asti La Caudrina | Bianco Dolce DOCG | Moscato 100% | Caudrina | Strada Brosia 21 | 12053 Castiglione Tinella (CN) | Tel. 0141/855126 | www.caudrina.it | romano@caudrina.it

DOCG
ROMANO DOGLIOTTI
La Caudrina
MOSCATO D'ASTI
DENOMINAZIONE DI ORIGINE CONTROLLATA E GARANTITA
ROMANO DOGLIOTTI - CASTIGLIONE TINELLA - ITALIA

7 Die Langhe im Fokus

Wein und Kunst erschließen eine Landschaft •••••

Abgesehen von der Produktion großartiger Weine engagiert sich die Familie Ceretto für die Erschließung der Langhe mittels zahlreicher Projekte mit Künstlern und großen Köchen. Mit diesem Vorsatz entstehen innovative Ideen wie etwa die Wiederentdeckung der Capella SS. Madonna delle Grazie, die nie geweiht wurde und die nach der Renovierung durch David Tremlett und Sol LeWitt einer der schönsten Farbtupfer zwischen den Weinbergen und ein Ziel für Neugierige und Touristen geworden ist. Andere wichtige Initiativen sind der Literaturpreis »Langhe Ceretto« und das »Studio e la casa dell'artista«, das Künstlern aus aller Welt die Möglichkeit bieten soll, eine Zeit *in Langa* zu verbringen, um sich inspirieren zu lassen, schöpferisch tätig zu werden und die Schönheit dieser Gegend in ihren Heimatländern bekannt zu machen.

Neben den genannten gehört zu den großen Verdiensten der Ceretto, dass sie den genialen Spitzenkoch Enrico Crippa nach Alba geholt haben, der heute die Küche im Restaurant Piazza Duomo leitet, das der Familie gehört. Für die Ceretto zählt »zu 100 Prozent das Land, der Keller zählt ein wenig, und in jedem Fall entstehen große Weine aus den richtigen Trauben«. Diese Philosophie wurde auch beim landwirtschaftlich und energetisch fortschrittlichen Ansatz angewandt und dazu benutzt, die Biodiversität zwischen den Rebspalieren zu fördern. Bricco Rocche ist ein Gut, das die Ceretto in den Himmel der großen Weine befördert hat.

Hier wird seit 1982 der gleichnamige Barolo hergestellt. Es sind nur wenige Flaschen, und der Wein hat eine extrem hohe Qualität. In ihm findet sich die Essenz der Langhe und des Nebbiolo. Nach der Gärung, die allein mit einheimischen Hefen geschieht, reift der Wein in mittelgroßen Eichenfässern mindestens zwei Jahre. Das Resultat ist ein harmonischer und eleganter Barolo, weich und kräftig, der lange und voller Geschmack auf dem Gaumen verweilt. Zu den Düften von dunklen Gewürzen, welken Blumen, Kakao, Brombeer- und Sauerkirschkonfitüre gesellen sich Röstaromen. *Salute!*

Barolo Bricco Rocche | Rosso DOCG | Nebbiolo 100% | Ceretto |
Strada Prov. Alba/Barolo, Loc. San Cassiano 34 | 12051 Alba (CN) |
Tel. 0173/282582 | www.ceretto.com | ceretto@ceretto.com

CERETTO
Barolo
DENOMINAZIONE DI ORIGINE CONTROLLATA E GARANTITA
Bricco Rocche
2011
Integralmente prodotto e imbottigliato da
Azienda Agricola Ceretto - Alba - Italia
Produzione di 2.000 bottiglie
75 cl℮
alc. 15% vol.
CONTIENE SOLFITI - PRODOTTO IN ITALIA - L 19514

8 Der Mythos

Symbol einer Tradition •••••

Spricht man von großen Weinen, denkt man an Barolo. Sagt man Barolo, denkt man an den Monfortino von Giacomo Conterno. Spricht man von Wein- und Kochsendungen im Radio, denkt man an »Decanter« auf Radio2! Aber das ist ein anderes Thema. Dieser mythische Wein ist das Symbol für Verfeinerung, Eleganz und Langlebigkeit. Er wächst auf dem berühmtesten Weinberg der Langhe: dem Francia in der Gemeinde Serralunga d'Alba.

Die Langhe, seit Kurzem UNESCO-Welterbe, sind für die italienische Weinkultur ein mythisches Land. Die Landschaft ist von sanften Hügeln geprägt, die sich scheinbar unendlich fortsetzen.

Giacomo Conterno war der erste, der an die Erschließung dieses Landes glaubte. Als am Anfang des 20. Jahrhunderts die meisten Weinbauern ihre Reben für wenig Geld an große Abfüllfirmen verkauften, entschied sich Conterno, ganz auf Qualität zu setzen. In den 20er Jahren produzierte er seine ersten Flaschen »Barolo Extra«: Das war der Beginn des önologischen Renommees der Langhe. Seit 1988 leitet Enkel Roberto das Unternehmen. Die Losungen bleiben »Geduld«, »Qualität« und »Tradition«. Die Conterno bleiben die Boten der alten Schule des Barolo, der durch lange Mazeration der Trauben mitsamt den Schalen in großen Bottichen entsteht.

Seit 1978 wird der Monfortino nur in den besten Jahren gemacht und nur mit den schönsten Trauben des Weinbergs Francia, der exklusiver Besitz des Unternehmens ist. Es ist ein Wein für die Ewigkeit, der eine äußerst reichhaltige Palette von Düften und Sinneseindrücken freisetzt, von den jungen Noten von Veilchen und Rosen, typisch für diese Rebsorte, bis hin zu den vorsichtigeren balsamischen Geschmacksnoten von Lorbeer, Minze, Chinarinde, Lakritz und Leder, die mit dem Alter immer zahlreicher und deutlicher werden.

Der Monfortino sollte zu geschmorten roten Fleischsorten oder auch allein, jedoch stets in guter Gesellschaft getrunken werden. *Salute!*

Barolo Monfortino Riserva | Rosso DOCG | Nebbiolo 100% | Conterno | Loc. Ornati 1 | 12065 Monforte d'Alba (CN) | Tel. 0173/78221 | conterno@conterno.it

RISERVA
2006
CONTERNO
BAROLO
DENOMINAZIONE DI ORIGINE CONTROLLATA E GARANTITA
RISERVA 2006
Monfortino
IMBOTTIGLIATO ALL'ORIGINE DA
AZIENDA VITIVINICOLA
GIACOMO CONTERNO di GIOVANNI CONTERNO
MONFORTE D'ALBA - ITALIA
75 cl
14,5
PRODOTTO IN ITALIA

9 Der Mut der Pioniere

Schwer zu schreiben, aber leicht zu trinken ••

Revolutionäre lassen sich stets von unerschütterlichen Leidenschaften vorwärtstreiben, die sie an ihre eigenen Vorhaben glauben lassen. Die Kraft, die Matteo Correggia vorantreibt, ist die untrennbare Bindung an das eigene Anbaugebiet, den Roero, und die Liebe zum Nebbiolo.

Als er 1985 das Familienunternehmen in Canale in der Provinz Cuneo erbt, hat der Erfolg im Weinanbau noch nicht den Tanaro überschritten. In Roero baut man Obst und Gemüse an, neben der einen oder anderen Rebe, aus der man seinen Hauswein macht. Matteo ist enthusiastisch und entscheidet, Weine von hoher Qualität zu produzieren. Es ist keine leichte Entscheidung, viele sind skeptisch, und er wird als Träumer erachtet. Doch Matteo stört sich nicht daran. Er fährt fort, den Boden zu untersuchen, und wendet die modernen Bearbeitungstechniken im Weinberg wie im Keller an. Die Zeit hat ihm recht gegeben, und auch wenn das Schicksal dem Dorf Roero und seiner Familie den großen Matteo inzwischen genommen hat, werden die Weine aus seinem Keller nach wie vor als bedeutend gewürdigt.

Der Star des Hauses ist der Roero Ròche d'Amsèj Riserva, der seinen Namen von dem Weinberg erhalten hat, auf dem die Trauben wachsen, aus denen er hergestellt wird. Die sandigen Böden, die reich an mineralischen Salzen sind, lassen einen reichhaltigen und komplexen Wein entstehen. Der Ròche d'Amsèj Riserva zeigt sich mit einer rubinroten Farbe, die zum Granatroten tendiert, mit intensiven Düften von eingelegten Sauerkirschen, Waldfrüchten, Gewürzen, Tabak, Kaffee und Heilkräutern. Im Mund ist er strukturiert und einnehmend mit einem fruchtigen und würzigen Finale. Kurioserweise wurde im Jahr 2000 der Asteroid 8075 auf den Namen Roero getauft. Dieser kleine felsige Himmelskörper mit einem Durchmesser von 15 Kilometern hat eine ähnliche Laufbahn wie ein anderer Asteroid mit der Nummer 13917, der tatsächlich Matteo Correggia heißt. Der Roero und sein Schöpfer ziehen also gemeinsam ihre Bahn durch den Sternenhimmel. *Salute!*

Roero Ròche d'Ampsèj Riserva | Rosso DOCG | Nebbiolo 100% | Matteo Correggia | Via Santo Stefano Roero 124 | 12043 Canale (CN) | Tel. 0173/978009 | www.matteocorreggia.com | cantina@matteocorreggia.com

RISERVA RÒCHE D'AMP
DOCG
ROERO
MATTEOCORREGGIA
ROERO
Denominazione di Origine Controllata e Garantita
RISERVA
RÒCHE
D'AMPSÈJ
2010
Sulle colline del Roero,
ogni vigna di nebbiolo
ha la sua storia unica
e irripetibile...
Matteo Correggia, 1999
PRODOTTE 5540 BOTTIGLIE

10 Der unangefochtene König

Die Philosophie eines kommunikativen Winzers •••••

Frei nach dem Slogan für eine gewisse berühmte Nusscreme aus dem Piemont müsste man sagen: »Was wäre die Welt ohne Angelo Gaja!«. »*The undisputed King of Barbaresco*«, wie ihn die »Los Angeles Times« nannte, hat den Barbaresco auf der ganzen Welt bekannt gemacht, und zwar nicht nur dank seiner großartigen Fähigkeiten als Winzer, sondern auch als Kommunikationsgenie. Gemäß Angelo hat der Kunsthandwerker zwei Aufgaben: Erstens, Weine herzustellen, die seinen Geschmack zufriedenstellen, und zweitens, im Anschluss über diese Weine erzählen zu können. Das ist die Philosophie des »*undisputed king*«, der über die Jahre den Mut zu waghalsigen Entscheidungen gehabt hat. Zum Beispiel, als er entschied, kleine Mengen von Barbera zu den eigenen Weinen zu geben, wo doch die Vorschriften für Barolo und Barbaresco ausschließlich die Verwendung des Nebbiolo vorsehen. Dazu musste er aus dem DOCG aussteigen, aber die Ergebnisse haben ihm recht gegeben. Oder als er einige alte Nebbioloreben herausriss, um Platz für internationale Rebsorten zu machen. »*Darmagi!*«, rief sein Vater aus, und daher kam es, dass er den Wein, der dabei herausgekommen ist, »*darmagi*« nannte, was im piemontesischen Dialekt Sünde heißt. Wir haben die Ehre gehabt, Angelo beim »Oscar del Vino Bibenda« auszuzeichnen, und wir würden es immer wieder tun.

Aus seinen Meisterwerken haben wir den Sorì Tildin ausgewählt, um ihn euch vorzustellen, einen Wein von großer Finesse, bei dem sich Eleganz und Komplexität aufs Beste verbinden. Der Dialektausdruck »*Sorì*« bezeichnet den Gipfel eines Hügels, auf dem der Wein in Südlage wächst, während »*Tildin*« auf Clotilde verweist, die Großmutter Angelos, die die Familienphilosophie begründete: Erreiche stets die größtmögliche Qualität!

Der Wein hat eine rubinrote Farbe mit granatfarbenen Reflexen, duftet nach Heidelbeeren, Johannisbeeren und Gewürzen mit Balsamnoten, Lakritz und Tabak. Er passt gut zu gebratenem roten Fleisch, Wildbret und gereiften Käsesorten. *Salute!*

Langhe Nebbiolo Sorì Tildin | Rosso DOC | Nebbiolo 95%, Barbera 5% | Gaja | Via Torino 18 | 12050 Barbaresco (CN) | Tel. 0173/635158 | info@gaja.com

GAJA
SORÌ TILDÌN®
2011
LANGHE

11 Die Entdeckung von Gavi

Ein Wein für Leute mit Weitblick ••••

Die großen Weißweine aus der Gegend um Gavi, die auch altern können, verdanken ihren Ruhm der Familie Soldati, die die Geschichte der Cortese-Rebe und der Gegend geprägt hat. Das Gut La Scolca wurde zwischen 1917 und 1919 von Giovanbattista Parodi, Urgroßvater des jetzigen Besitzers Giorgio Soldati, gekauft, der das Unternehmen heute zusammen mit Tochter Chiara führt. Der Name des Gutes stammt von »sfurca« (»weit sehen« im hiesigen Dialekt), einem alten Namen des Ortes, auf dem einst ein Aussichtsturm stand, um das Fort von Gavi zu beschützen.

Es ist der Sohn von Giovanbattista, Alfredo, der die ersten Cortese-Reben pflanzt, aus denen er einen Wein für Familie und Freunde gewinnt. Der Erste, der sich über die Möglichkeiten des Bodens klar wird, ist Vittorio Soldati, Alfredos Schwiegersohn und Cousin des Schriftstellers und Regisseurs Mario Soldati. Nach dem Zweiten Weltkrieg bringt das Weingut den aromatischen und gut trinkbaren Gavi auf den Markt, den wir heute kennen und der am Anfang der Erfolgsgeschichte steht. Nicht nur das: Giorgio Soldati ist der Erste, der den Cortese in den 1970er Jahren versektet. Die Idee, einen Sekt zu produzieren, kommt ihm, als er einige alte Gavi verkostet. Dabei merkt er, dass der Wein, von dem alle glauben, er müsse jung und frisch getrunken werden, mit dem Alter deutlich besser wird, harmonisch, rund und elegant.

So entsteht der Soldati La Scolca Brut d'Antan Millesimato, hergestellt aus Cortese-Trauben, der in der Flasche gärt und mindestens zehn Jahre mit den autochthonen Hefen ruht. Er ist überraschend fruchtig und mineralisch, mit Düften von Papaya, Zabaione, weißer Schokolade, Zimt und Trockenfrüchten. Ein seltener Wein, prachtvoll und von großer Langlebigkeit. Ein Fest mit Krustentieren und weißem Trüffel. Franco Ricci sind wir ewig dankbar, dass er uns bei einem Bibenda Day diesen Wein hat verkosten lassen. Und seit wir Chiara kennengelernt haben, scheint uns der Wein noch besser zu sein. *Salute!*

Soldati La Scolca Brut d'Antan Millesimato | Bianco Spumante | Cortese 100% | La Scolca | Via Rovereto 170 | 15066 Gavi (AL) | Tel. 0143/682176 | www.scolca.it | p.soldati@scolca.it

2001
LA SCOLCA D'ANTAN
BRUT MILLESIMATO
SOLDATI
DAL
1919
Soldati La Scolca
D'ANTAN

12 Miss Barolo

Die Französin, die den König der Weine erfand •••

Es ist das Jahr 1807, als der Marchese di Barolo Carlo Tancredi Falletti von dem französischen Akzent der Juliette Colbert von Maulévrier verzaubert wird, einer Urenkelin von Jean Baptiste Colbert, dem Finanzminister des Sonnenkönigs. Die beiden laufen im selben Jahr in Paris in den Hafen der Ehe ein, um sich dann in der Langhe niederzulassen. Es ist Juliette, die als französische Adelige die Potenziale dieses Terroirs erspürt und sich einen Wein französischer Art wünscht.

In Zusammenarbeit mit Louis Oudart, Önologe des Grafen von Cavour, wird das »Rezept« ausgearbeitet. Mit ihm hat Juliette wohl gestritten, weil sie Pinot Noir in der Langa anbauen lassen wollte. Eine vollständige Gärung und eine verlängerte Phase der Verfeinerung im Holzfass sollen dem Nebbiolo die Gelegenheit geben, seine Qualitäten und die des Bodens zu enthüllen. Es entsteht ein mächtiger, strenger Wein, der lange gelagert und mit der Zeit besser werden kann. Mit dem Tod von Juliette Colbert erlischt 1864 die Dynastie der Falletti, und die Weinkeller der Marchesi werden von Pietro Abbona gekauft, der heute als einer der Patriarchen des Barolo gilt. Ihm wird das Verdienst zuerkannt, dass dieser große Wein in der ganzen Welt geschätzt ist. Unter den besten Etiketten findet sich als Ausnahmewein der Barolo Cannubi, der seinen Namen dem Standort der Rebstöcke verdankt, eine der absolut besten Lagen.

Die Lage Cannubi liegt im Zentrum des Barolo-Gebietes und wird von einem Kranz höherer Hügel beschützt. Sie erfreut sich so eines beneidenswerten Mikroklimas und eines besonders kalkhaltigen Bodens. Die hier produzierten Weine lassen sich sofort genießen oder auch lange lagern.

Der Barolo Cannubi ist von rubinroter Farbe mit granatfarbenen Reflexen. Er duftet nach Rosen, Gewürzen und Vanille mit Noten von geröstetem Brot und Wermut. Im Mund ist er äußerst elegant und harmoniert perfekt mit typisch piemontesischen Gerichten wie Ravioli *al plin*, gekochtem oder geschmortem Fleisch bis hin zu gereiften Käsesorten. *Salute!*

Barolo Cannubi | Rosso DOCG | Nebbiolo 100% | Marchesi di Barolo | Via Roma 1 (Cantina storica) | 12060 Barolo (CN) | Tel. 0173/564400 | www.marchesibarolo.com | info@marchesidibarolo.com

Barolo
Denominazione di Origine Controllata e Garantita
CANNUBI
2011
ANTICHI PODERI DEI
MARCHESI DI BAROLO
GIÀ OPERA PIA BAROLO

13_Gutes Land gibt guten Wein

Der konsequenteste der konsequenten Barolos ••••

Die Familie Massolino produziert seit 1896 in Serralunga d'Alba Wein: Seit vier Generationen und auf 23 Hektar Rebland in einigen der begehrtesten Lagen der Langhe. Der Gründer war Giovanni Massolino, ein unternehmerischer und hartnäckiger Mann, der entschied, den Verkauf der Trauben an die Winzergenossenschaft zu stoppen und die eigenen Weine selbst abzufüllen. Nach ihm vergrößern seine Söhne und Enkel das Weingut und erweitern die Rebanlagen mit dem Kauf von Lagen, die heute als wahre Schmuckstücke gelten: Margheria, Parafada und Vigna Rionda.

Serralunga d'Alba ist eine der berühmtesten Gemeinden des Barolo. Sie befindet sich auf einer Höhe von 414 Metern über dem Meer und ist von Bergrücken umgeben, die sie gegen Wind, Stürme und Abstinenzler schützen. Im historischen Stadtzentrum befindet sich die Cantina Massolino und in unmittelbarer Nachbarschaft die Weinreben.

Der Weinberg Rionda liegt in einer der besten Lagen von Serralunga und wird von den meisten Experten auf diesem Gebiet als einer der besten Weinberge des Barolo angesehen. Der Boden ist sehr kalkhaltig und wie auch andere Böden dieser Gegend von mergelhaltigen Adern durchzogen, aber er ist auch reich an Eisenoxid, wie die orangefarbenen Flecken bezeugen, die man hier und da im Boden sieht. Diese Eigenschaften übertragen sich auf den harten und tanninreichen Charakter des Weines, den man aus diesem Boden gewinnt, und machen den Rionda zum konsequentesten der konsequenten Barolos.

Nach der Weinlese, die normalerweise Mitte Oktober stattfindet, folgen die Weinherstellung und die Reife in großen Fässern aus slowenischer Eiche, gut dreieinhalb Jahre lang. So entsteht ein Nektar von unvergleichlicher Raffiniertheit, mit einer leichten Würze von rosa Pfeffer, mit Noten von Erdbeerkonfitüre und Heilkräutern. Frisch und warm, mit feinen und reifen Tanninen. Trinken Sie ihn zu Schmorbraten von Fassona, aber auch Fleisch vom Grill und gereiften Käsesorten. *Salute!*

Barolo Vigna Rionda Riserva | Rosso DOCG | Nebbiolo 100% | Massolino | Piazza Cappellano 8 | 12050 Serralunga d'Alba (CN) | Tel. 0173/613138 | www.massolino.it | massolino@massolino.it

Barolo
Vigna Rionda
DENOMINAZIONE DI ORIGINE CONTROLLATA E GARANTITA
2009
RISERVA
Serralunga d'Alba
MASSOLINO

14 Die Kunst zur Kunst

Ein Wein, den man im Auge behalten sollte … auch nach dem Trinken •••••

»Die Kutte macht noch keinen Mönch« und das Etikett noch keinen Wein. Wenn jedoch ein Kunstwerk ein anderes Meisterwerk kleidet, muss das Resultat einen unauslöschlichen Eindruck beim Betrachter hinterlassen. Diese Überlegung stellte an einem Abend 1970 auch ein Grüppchen von Künstlern an, Freunde der Familie Vietti, während sie bei einem Glas ihres Barolos beisammensaßen. Einer der Anwesenden schlug Alfredo Currado und Luciana Vietti vor, »ihre Kunst im Weinkeller« mit »einem Stück Kunst auf dem Etikett« zu »bekleiden«.

Die Idee wurde umgesetzt. Seit 1974 haben an der Gestaltung der Etiketten des Vietti Künstler von Rang mitgearbeitet: Pier Paolo Pasolini, Gianni Gallo, Janet Fish, Robert Cottingham, Wayne Thiebaud, Leonid Sokov, Oliviero Toscani, Qiu Guangping … und Viettis Flaschen sogar ins MoMA gebracht! Die Auflagenzahl der Etiketten entspricht der Anzahl der produzierten Flaschen, die ersten 100 sind vom Künstler signiert. Jedes Kunstwerk wird nur einmal benutzt, ausschließlich für einen Wein und einen Jahrgang. Seit 1982 ist das Künstler-Etikett ausschließlich dem Barolo Villero Riserva gewidmet, aus der angesehensten Lage des Weingutes, ein Wein, der nur von außergewöhnlichen Jahrgängen hergestellt wird.

Die Reben von Villero sind 39 Jahre alt, wachsen auf einer Fläche von einem Hektar und befinden sich in Castiglione Falletto, einer der prädestiniertesten Lagen der Langhe. Nach Pressung und Fermentierung bleibt der Wein mit den Schalen zehn Tage in der Mazeration und altert dann etwa vier Monate im Barrique sowie vier Jahre in großen Eichenfässern. Das Resultat: ein Nektar von rubinroter Farbe, der ins Granatrote tendiert, mit Geschmacksnoten von reifen roten Früchten sowie balsamischen und erdigen Anteilen. Die Verkostung ist überwältigend wegen der Großzügigkeit, des Gleichgewichts und der Eleganz des Weines. Trinken Sie ihn zu gebratenem rotem Fleisch. *Salute!*

Barolo Villero Riserva | Rosso DOCG | Nebbiolo 100% | Vietti | Piazza Vittorio Veneto 5 | 12060 Castiglione Falletto (CN) | Tel. 0173/62825 | www.vietti.com | info@vietti.com

Con l'uva della vendemmia 2007
Vietti®
ha imbottigliato 3.726 bottiglie, 100 magnum, 5 doppi magnum di
Barolo
Denominazione di Origine Controllata e Garantita
riserva "Villero"
questa è la bottiglia N° 512
Imbottigliato all'origine da Vietti - Castiglione Falletto - Italia
14,5% vol
prodotto in Italia - lotto 105538
e 75cl

15__Der Schöne von Franciacorta

Guter Wein mit Stil ••••

»Was für eine Aussicht!«, haben wir bei der Besichtigung dieses Weingutes ausgerufen. Vor 13 Jahren sendete »Decanter« von Mailand aus, weshalb Franciacorta unser erstes Territorium und unsere erste Liebe war. Das Gut Bellavista hat seinen Namen von dem gleichnamigen Hügel, der ein atemberaubendes Panorama bietet, vom Lago d'Iseo über die gesamte Po-Ebene bis zu den Rätischen Alpen.

Das Weingut wurde von dem Unternehmer Vittorio Moretti 1977 gegründet und ist seither stets gleichbedeutend mit hoher Qualität und tadellosem Stil. Die besondere Flaschenform, 1978 von Bellavista patentiert, ist von dem traditionellen Gefäß inspiriert, das man in den Osterien von Brescia verwendete, um den offenen Wein zu servieren. Das ist die einzige Konstante nach der mutigen und erfolgreichen Neugestaltung der Etiketten und der Abpackung im letzten Jahr.

Im Keller ist die Produktion Mattia Vezzola anvertraut, dem Önologen Nummer eins, wenn es um italienische Perlweine geht. Der Riserva Vittorio Moretti ist das Aushängeschild einer Reihe erstklassiger Weine. Er wird nur in besonders günstigen Jahrgängen hergestellt, mit den besten Chardonnay- und Pinot-Noir-Trauben, die von Reben mit einem Durchschnittsalter von 25 Jahren stammen. Vor dem Dégorgement verbleibt der Wein sieben Jahre auf den Hefen.

Er präsentiert sich mit einem sehr feinen Perlen und einer gelben, klaren und leuchtenden Farbe. Sein Duft erinnert an Blumen und reife helle Früchte wie Pfirsich oder Birne, mit einem Anklang von Vanille und Wiesenhonig. Im Mund bewirken die perfekte Frische, die richtige Mineralität und das lange Finale, das an Trockenfrüchte erinnert, eine sehr angenehme Persistenz und lassen eine hohe Alterungsfähigkeit vermuten. Unübertrefflich könnte er zu einem Risotto mit Meeresfrüchten sein. Aber aufgepasst: Zusammen mit gebuttertem Brot und Sardellen kann er zu ernsthafter Abhängigkeit führen. *Salute!*

Franciacorta Extra Brut Vittorio Moretti | Bianco Spumante DOCG | Chardonnay 55%, Pinot Nero 45% | Bellavista | Via Bellavista 5 | 25030 Erbusco (BS) | Tel. 030/7762000 | www.bellavistawine.it

RACCOLTA
Luigi
Veronelli
CREATORI
BELLAVISTA
FRANCIACORTA
BELLAVISTA
VITTORIO MORETTI
2008

16 Die Geburt eines Terroirs

Die Herausforderung von Berlucchi und Ziliani – bestanden! •

Die Sekt-Geschichte von Franciacorta beginnt mit Guido Berlucchi, einem Edelmann vom Lande, der in den 50er Jahren den Pinot del Castello herstellt. Ein ruhiger Weißer, nicht sehr stabil, der nach der Flaschenabfüllung dazu neigt, trübe zu werden.

Um das Problem zu lösen, wendet sich Guido an den jungen Önologen Franco Ziliani. Am Tag ihrer Begegnung führt der Majordomus Franco in den Salon des Palazzo Lana Berlucchi aus dem 16. Jahrhundert. Guido spielt gerade »Georgia on my mind« auf dem Klavier und hat nicht die geringste Ahnung, dass in den Gedanken des jungen Önologen anstelle von Georgia die Champagne auftaucht. Nachdem er versprochen hat, den Pinot del Castello in Ordnung zu bringen, schlägt Franco vor, einen Sekt nach Franzosenart zu kreieren. Was damals eine Utopie war, ist heute Realität. Guido nimmt die Herausforderung an und signiert 1961, nach einigen Jahren Arbeit, 3.000 Flaschen Pinot di Franciacorta mit Flaschengärung. Die Reaktion der ersten Verköstiger ist so ermutigend, dass Ziliani und Berlucchi ein Jahr später den Max Rosé kreieren, den ersten auf klassische Art hergestellten Rosé-Sekt Italiens. Die Aufmerksamkeit auf das neue Label wird größer und der Pinot di Franciacorta wird 1977 zum Cuvée Imperiale. Inzwischen sind 54 Jahre vergangen, und aus den 3.000 Flaschen sind 4,5 Millionen pro Jahr geworden. Eine dieser 3.000, die Nummer 0 von Franciacorta, wird immer noch in den Kellern des Unternehmens aufbewahrt!

Aus den Produkten des Hauses Berlucchi haben wir den Franciacorta Brut Cuvée Imperiale Vintage gewählt, der aus Chardonnay- und Pinot-Noir-Trauben gemacht wird. Nach 48 Monaten auf den Hefen und sechs in der Flasche erscheint er in einer strohgelben Farbe mit feiner Perlung. Er duftet nach Brotrinde, Hefeteilchen, Ananas und Zitrusfrüchten. Elegant, mineralisch und von subtiler Spritzigkeit kann er zum gesamten Essen getrunken werden, abgesehen vom Dessert. *Salute!*

Franciacorta Brut Cuvée Imperiale Vintage | Bianco Spumante DOCG | Chardonnay 60%, Pinot Nero 40% | Berlucchi | Piazza Duranti 4 | 25040 Borgonato di Corte Franca (BS) | Tel. 030/984381 | www.berlucchi.it

BERLUCCHI
Franciacorta
Official Sparkling Wine Sponsor
EXPO
MILANO 2015
FRANCIACORTA
Guido Berlucchi
BERLUCCHI
CUVÉE IMPERIALE
FRANCIACORTA
D.O.C.G.
BRUT

17__Das Wunder Franciacorta

Ein Wein wie eine Liebe •••••

Die Macht von Liebe und Wertschätzung eines Sohnes für die eigene Mutter, verschlossen in einer Flasche. Das ist es, was dem önologischen Meisterwerk von Maurizio Zanella, dem Besitzer von Ca' del Bosco, zugrunde liegt, seinem Geschenk für die Mutter Annamaria. Der Franciacorta verdankt dieser eleganten Signora, Jahrgang 1928, viel. Sie ist es, die ihren Ehemann, Albano Zanella, überzeugt, in jene alte Hütte zu investieren, die isoliert in der Landschaft von Brescia steht und den Spitznamen »Ca' del Bosc« trägt. Annamaria entdeckt sie in den Kleinanzeigen im »Corriere della Sera« und verliebt sich in sie, auch wenn es dort weder eine befahrbare Straße noch Strom oder fließendes Wasser gibt. Die Familie Zanella kauft in den 60er Jahren Haus und Grund für nur drei Millionen Lire und schafft es in wenigen Jahren, daraus eines der bedeutendsten Weingüter Italiens zu machen.

1968 lässt Maurizio auf dem Gut von Erbusco die ersten Weinstöcke pflanzen. Auf einem Boden, augenscheinlich alles andere als für den Weinbau prädestiniert, entschließt er sich, ganz auf Qualität zu setzen. Nach dem Studium der Önologie widmet er sich der Produktion des eigenen Weines. Er beginnt mit zwei Weinen, und seit dem Ende der 70er Jahre widmet er sich der Herstellung von Sekt, indem er eine Methode verfeinert, die heute als Franciacorta bekannt ist. Heute sind die Felder zwischen Brescia und Bergamo nicht mehr für Industriehallen bekannt, sondern für die Weinberge, und die Bezeichnung Franciacorta verweist unmissverständlich auf ein Gebiet, eine Methode und einen Wein.

Der Annamaria Clementi ist der prestigeträchtigste Cuvée von Ca' del Bosco. Er wird als Weißwein und als Rosé hergestellt. Letzterer geht ausschließlich auf Pinot-Noir-Trauben zurück, die mit den Schalen mazeriert werden und dann 84 Monate auf den Hefen verbringen. Der Nektar hat eine korallenrosa Färbung und einen reichen, vielfältigen Duft: geröstete Nüsse, Orangen, Gebäck und Granatapfel. Eleganz, Frische und Mineralität vervollständigen das Bild. *Salute!*

Franciacorta Cuvée Annamaria Clementi Rosé | Rosato Spumante DOCG | Pinot Nero 100% | Ca' del Bosco | Via Albano Zanella 13 | 25030 Erbusco (BS) | Tel. 030/7766111 | www.cadelbosco.com | cadelbosco@cadelbosco.com

CA' DEL BOSCO
CUVÉE ANNAMARIA CLEMENTI ROSÉ

18__Ein Wein fürs Triple

… egal, für welche Mannschaft man ist •

»Lebe sie, diese Freude, lebe sie!« Nein, wir reden nicht von Inter Mailand, sondern von einer anderen Schöpfung der Familie Moratti: Castello di Cigognola, ein Weinbauunternehmen, das mit seinen Leistungen der Extraklasse das ganze Volk des Weines zu einen vermag und seit 1982 mehr Pokale sammeln konnte als die Schwarzblauen. Wie viel besser wäre der Fußball, wenn vor und nach einem Spiel die Fans beider Mannschaften sich um einen Tisch versammeln würden, um mit einem Becher guten Weines anzustoßen? So hat vielleicht auch die Familie Moratti gedacht, die Anfang der 80er Jahre dieses Gut im Valle Scuropasso kaufte, einem der renommiertesten Terroirs des Oltrepò Pavese.

In Castello di Cigognola gab es schon immer Wein, wie auch in mittelalterlichen Dokumenten bezeugt wird, die ihn als *bono et neto* (gut und rein) bezeichnen. Seit jedoch die Moratti die Eigentümer geworden sind und den »Mourinho des Fasses«, Riccardo Cotarella, zum Leiter des Weinkellers berufen haben, ist es mit der Qualität steil nach oben gegangen. Angesichts des unterschiedlichen Sonneneinfalls und der verschiedenen Lagen um Castello herum und weil man eine Produktion, die an den Boden vor Ort gebunden ist, behalten wollte, haben sich die Moratti entschieden, auf eine lokale Variante des Barbera zu setzen.

Nach der Gärung ruht der Wein ein Jahr in mittelgroßen Fässern und dann weitere 18 Monate in der Flasche. So kommen die fruchtigen Noten und die Frische der Traube besonders gut zur Geltung, und man erhält einen außergewöhnlichen Wein für Genießer. Rubinrot und besonders dunkel, würzig und balsamisch, mit Anklängen von Sauerkirschen, Pflaumen, Brombeeren und Kakaopulver. Im Mund ist er reiner Samt wegen der Weichheit und Qualität der Tannine, mit einer Säure und Schmackhaftigkeit, die den Wein stets angenehm und niemals schwer machen. Er passt gut zu rotem Fleisch vom Grill oder geschmort und zu reifen Käsesorten. *Salute!*

Oltrepò Pavese Barbera La Maga | Rosso DOC | Barbera 100% |
Castello di Cigognola | Piazza Castello 1 | 27040 Cigognola (PV) |
Tel. 0385/284828 | www.castellodicigognola.com | info@castellodicigognola.com

La Maga
CASTELLO DI CIGOGNOLA
CASTELLO DI CIGOGNOLA

19 Musik für die Geschmacksknospen

Ein Franciacorta mit großem F ••

Es ist Februar 1992, und Emanuele Rabotti, der Eigentümer von Monte Rossa, ist in Palm Desert in Kalifornien. Sein Weingut liefert die Weine für ein Wohltätigkeitsdinner im Hause Frank Sinatras. Emanuele ist eingeladen und hat eine besondere Flasche mitgebracht, den ersten Franciacorta, der als Jahrgangswein ausgebaut wurde und im Holzfass gegärt ist: der Brut Cabochon. Im richtigen Moment enthüllt er ihn und präsentiert ihn »The Voice« und seiner Gattin als Geschenk. Etwas später senden die Eheleute Sinatra einen enthusiastischen Brief, danken Emanuele und loben seinen neuen Wein. Der Cabochon wird einer der Kult-Weine von Franciacorta – und von ganz Italien.

Das Weingut entsteht 1972, als Paolo und Paola Rabotti, Eltern von Emanuele, das alte Gut auf dem Hügel von Monte Rossa in der Provinz Brescia wiederbeleben. Sie entscheiden sich, von Anfang an und ausschließlich auf Weine mit Flaschengärung zu setzen. Paolo hilft, das »System Franciacorta« aufzubauen, mittels der Errichtung eines Konsortiums, dessen erster Präsident er wird.

In den 80er Jahren tritt Emanuele in das Unternehmen ein. Er ist jung, gerade von einer Weltreise zurück und hat eine fixe Idee: den ersten Jahrgangs-Franciacorta herzustellen und ihn im Holz zu gären. Nach fünf Jahren voller Experimente entstehen die ersten 2.300 Flachen Brut Cabochon. Der Name ist vom Etikett inspiriert, das von dem Juwelier Buccellati geschaffen wurde. Es ist so geschnitten, dass es eine wertvolle Gemme zu sein scheint, ein *cabochon*.

Er hat eine goldgelbe, leuchtende Farbe. Der Geruch erinnert an Pampelmuse, frische Mandeln mit Anklängen von Mineralien und Gebäck. Im Mund ist er dicht und voll mit einem ausgewogenen Mix von Säure und Schmackhaftigkeit. Sein Abgang besteht aus angenehmsten Noten von Nuss. Er passt zu allen Gängen, vom Dessert abgesehen. *Salute!*

Franciacorta Brut Cabochon | Bianco Spumante DOCG | Chardonnay 70%, | Pinot Nero 30% | Monte Rossa | Via Monte Rossa 1 | 25040 Bornato (BS) | Tel. 030/725066 | www.monterossa.com | info@monterossa.com

CABOCHON
FRANCIACORTA
MONTE ROSSA

20 No pain, no gain

Ode an die Mühsal von Valtellina •••

»Voltolina, wie es genannt wird, ein Tal, das von hohen und fürchterlichen Bergen umgeben ist, macht starke Weine zur Genüge.« Dies schrieb Leonardo da Vinci in seinem »Codice Atlantico«. Valtellina oder Veltlin erstreckt sich von Ost nach West über 120 Kilometer zwischen Italien und der Schweiz, und das Geheimnis seiner Weine liegt in ebendieser natürlichen Gegebenheit. Die Berge im Norden halten die kalten Nordwinde ab, während die Erhebungen im Süden vor der Feuchtigkeit der Po-Ebene schützen.

Die Weinstöcke wachsen auf Terrassen, die praktisch an den Felswänden hängen. Die Trockenmauern, die sie stützen, sind von den Talbewohnern von Hand gebaut und aufgefüllt worden, die das Erdreich in Tragekörben aus dem Tal hinaufgebracht haben. Die Plackerei hat sich ausgezahlt, denn es entstanden einzigartige und unnachahmliche Weine. Manchmal leicht und fließend wie der Inferno, Sassella oder Grumello, manchmal körperreich und beeindruckend wie der Sfursat.

Den Hausherrn spielt stets der Nebbiolo, der hier Chiavennasca genannt wird. Der Name Sfursat bezeichnet, anders als die drei gerade genannten, keine bestimmte Lage, sondern eine Methode, bei der die Reife der Trauben forciert beziehungsweise verlängert wird, indem man sie im Winter in Lagerhallen welken lässt.

Wir haben den Sfursat 5 Stelle von Nino Negri gewählt, aus einem historischen Weingut des Veltlins, gegründet 1897 in Chiuro und von uns anlässlich der Aufnahmen für Fuori Gusto auf La7 besichtigt. Anfang Januar haben die Beeren bereits etwa 40 Prozent ihres eigenen Gewichts verloren und Aromen entwickelt, die sie, als sie von den Reben gepflückt wurden, noch nicht hatten. Nach einer langen Gärung und Verfeinerung über zweieinhalb Jahre entsteht ein leckerer Wein mit großem Körper, äußerst reich an Aromen und Nuancen, die von Pflaumen zu Kaffee, von reifen Maulbeeren zu Kakao reichen. Kosten Sie ihn zu einer schönen Wurstplatte oder mit geschmortem Fleisch. *Salute!*

Sforzato di Valtellina Sfursat 5 Stelle | Rosso DOCG |
Chiavennasca (Nebbiolo) 100% | Nino Negri | Via Ghibellini 3 |
23030 Chiuro (SO) | Tel. 0342/485211 | www.ninonegri.it | negri@giv.it

DOCG
5 STELLE
SFURSAT
2011
Nino Negri

21 Die Einheit macht die Stärke aus

Und auch den guten Wein ····

Das Winzerdorf Terlano befindet sich zwischen den Städten Bolzano (Bozen) und Merano (Meran) im weiten Tal des Adige (Etsch). Verschiedene archäologische Funde erlauben es, die örtliche Weinkultur bis ins 5. Jahrhundert vor Christus zurückzudatieren.

Am Ende des 19. Jahrhunderts trug die Landwirtschaft die Wirtschaft der Gegend, aber die Branche wurde von wenigen Großgrundbesitzern beherrscht. Um sich der Abhängigkeit von den größten »Fischen« zu entziehen, entschieden 24 kleine Winzer 1893, die Winzergenossenschaft von Terlano (Terlan) zu gründen. Es handelt sich um eine Gegend, die schon immer besonders berufen war für die Kultivierung von Weißweinreben, die auf den höheren und kühleren Hängen gedeihen. Die hohen Temperaturunterschiede zwischen Tag und Nacht, die mineralische Konzentration der Böden und die Langlebigkeit der Weinstöcke erlaubt es, gesunde und aromareiche Trauben zu ernten.

Eines der Geheimnisse der Kellerei von Terlano ist sein önologisches Archiv. 13 Meter in die Tiefe gegraben, war es ein Plan des Kellermeisters Sebastian Stocker, der seit 1955 begann, 500 Flaschen jedes Jahrgangs dort zu verstecken. Offiziell, um die Langlebigkeit der Weißweine von Terlano zu belegen, aber in Wahrheit wohl, um sie sich selbst in Ruhe zu Gemüte zu führen.

Ein anderer Stolz der Kellerei sind die »Raritäten«, spezielle Weißweine, die mindestens zehn Jahre auf den Hefen gereift sind. Der Pinot Bianco (Weißburgunder) gehört genau zu diesen. Er wird nur in den besten Jahren und nur von den schönsten Trauben gemacht. Trotz seines Alters gelingt es diesem Wein, eine überraschende Frische zu bewahren. Die Aromen von Marmelade aus Zitrusfrüchten, Apfel, Kiwi, Pistazien und Cipria machen aus ihm eine wahre Leckerei. Er passt zu Krustentieren oder Tajarin-Nudeln mit Butter und Trüffeln. *Salute!*

Alto Adige Terlano Pinot Bianco Riserva | Bianco DOC | Pinot Bianco 100% | Cantina Terlano | Via Silberleiten 7 | 39018 Terlano (BZ) | Tel. 0471/257135 | www.cantina-terlano.com | office@cantina-terlano.com

Kellerei Cantina Terlan
Pinot Bianco
2002
Kellerei Cantina Terlan

22 Süßer Abhang von Montagna

Ein Wein für einen schönen Abschluss ••

Schließen Sie die Augen und denken Sie einen Moment an die verschneiten Gipfel des Alto Adige (Südtirol), die sich in der Stunde des Sonnenuntergangs rosa färben. Sie können sich die Lieblichkeit dieser Szenerie vorstellen, während Sie einen Schluck des Moscato Rosa von Franz Haas genießen. Diese Kellerei, die seit sieben Jahren von Franz Haas auf Franz Haas vererbt wird (so muss man sich bei der Geburt eines Kindes nicht wegen der Namenswahl die Haare raufen), entstand 1880 in Montagna, in dem Tal des Adige.

Zusammen mit den bekannteren Rebsorten kultiviert die Familie Haas einige Hektar alter autochthoner und sehr seltener Reben. Es handelt sich um den Moscato Rosa, eine aromatische Züchtung mit dunkler Schale von ungeklärter Herkunft. Mancher behauptet, die Rebe sei von römischen Kolonen importiert worden, und trinkt den Wein einfach ohne viel Getue. Zu diesen gehören wir. Indes können wir euch versichern, dass seine Trauben einen starken Duft haben und er seinen Namen tatsächlich den Aromen der Hundsrose verdankt. Die Rebstöcke wachsen am Fuß des Gebirges auf ton- und kalkhaltigen Böden mit einer guten Ausrichtung zur Sonne und den frischen Winden, die von den Gletschern kommen. Franz macht daraus einen süßen Wein, ohne die Trauben welken zu lassen, weder an der Rebe noch im Lager. Der notwendige Zucker ist natürlicherweise in den Reben enthalten, und es reicht, die Gärung mit Kälte zu unterbrechen. Diese Methode verleiht dem Wein eine Frische, die ihn sehr trinkbar und nie süßlich macht. Er versprüht Aromen von Rosen, Erdbeeren, kandierten Veilchenblättern und dunklen Gewürzen, wie Zimt oder Gewürznelken. Der Moscato passt sehr gut zu Torten mit Waldfrüchten, zu Bitterschokolade und kann Schimmelkäse begleiten. Auch das Etikett ist ein Meisterwerk. Es ist vom trentinischen Künstler Riccardo Schweizer gestaltet worden, der mit Picasso, Chagall und Le Corbusier zusammengearbeitet hat. *Salute!*

Alto Adige Moscato Rosa | Rosso Dolce DOC | Moscato Rosa 100% | Franz Haas | Via Villa 6 | 39040 Montagna (BZ) | Tel. 0471/812280 | www.franz-haas.it | info@franz-haas.it

MOSCATO ROSA 2013

23 Vom Adler zum Pinot

Die feine schwarze Linie •••

Das Weingut Hofstätter befindet sich inmitten des historischen Zentrums von Termeno (Tramin). Der Sitz beherbergte um 1900 die Gaststätte »Schwarzer Adler«, die von Maria Hofstätter geführt wurde, Großtante des heutigen Besitzers Martin Foradori. Das Weingut wurde 1907 von Marias Ehemann Josef gegründet, der Weine zum Verkauf in der Gaststätte produzierte. Im Jahr 1942 erbt der Enkel Konrad Oberhofer das Unternehmen. Er ist der Erste in Südtirol, der die Charaktereigenschaften jedes einzelnen Weinbergs zur Geltung bringt, indem er die Trauben separat verarbeitet und die einzelnen Flaschen mit dem Namen der Herkunftslage (oder besser der »Vigna«, des Weinbergs) tauft. 1959 heiratete Konrads Tochter, Sieglinde, Paolo Foradori, Erbe einer anderen wichtigen Familie von Winzern, die ausgezeichnete Weinberge am entgegengesetzten Hang des Adige-Tals besitzen.

Heute ist das Gut mit seinen 50 Hektar Weinbergen eines der größten der Region und das einzige private, das Reben im Osten und Westen der Bassa Atesina zieht. Diese Voraussetzung hat erlaubt, die besten Böden, Sonnenlagen und Mikroklimata für jede traditionelle Rebsorte ausfindig zu machen. Im Besonderen wird Hofstätter als Nummer eins in Italien für den Pinot Noir angesehen, und der Riserva Barthenau Vigna S. Urbano, dessen Bekanntschaft wir unserem Sommelierfreund Paolo Lauciani verdanken, kann ohne Weiteres mit den berühmtesten Cousins des Borgogna mithalten. Er entsteht am Osthang des Flusses Adige, auf dem Hügel von Mazzon, über Egna. Hier findet der Pinot Noir seine ideale Umgebung.

Der Weinberg Vigna S. Urbano ist etwa 65 Jahre alt, und der Wein, der aus ihm gewonnen wird, weist einen Nuancenreichtum ohnegleichen auf. Von leuchtend granatroter Farbe, duftet er nach Himbeere, Walderdbeere, Geranie, Unterholz, Farn und feinen Gewürzen. Im Mund ist er reine Harmonie, ausgeglichen und elegant. Trinken Sie ihn zu roten Fleischsorten, vor allem Rind, oder zu reifen Käsesorten. *Salute!*

Alto Adige Pinot Nero Barthenau Vigna S. Urbano | Rosso DOC | Pinot Nero 100% | J. Hofstätter | Piazza Municipio 7 | 39040 Termeno (BZ) | Tel. 0471/860161 | www.hofstatter.com | info@hofstatter.com

Barthenau
Vigna S. Urbano
2012
J. Hofstätter

24 Die Rettung des Weines

Oder der Wein der Rettung? ••

Wenn wir heute zahlreiche Landfrüchte und vor allem den Wein genießen, verdanken wir dies den Mönchen, die nach den Barbareninvasionen Weinstöcke in und um ihre Abteien gepflanzt haben. Sie waren es auch, die sich der Auslese der besten Stöcke und der ständigen Verbesserung der Keltermethoden gewidmet haben. So wurde aus einer Notwendigkeit für die Eucharistie eine angesehene Tätigkeit. Noch heute ist es möglich, zwischen den verlassenen Weinbergen alter Konvente unbekannte Rebsorten zu entdecken, die große önologische Potenziale haben.

Der Benediktinerkonvent von Muri-Gries ist ein bis heute funktionierendes Beispiel für diesen kulturellen Prozess. Die Abtei wurde im 12. Jahrhundert von den Herzögen von Tirol als Befestigung gebaut und 1407 an die Augustiner abgetreten, deren Konvent Santa Maria in Augia von einer Überschwemmung zerstört worden war. 1525 von aufständischen Bauern geplündert und während der Napoleonischen Kriege zerstört, erstand er 1845 neu, als er den Benediktinern geschenkt wurde, die vom Konvent von Muri in der Schweiz vertrieben worden waren.

Seit 1985 hat der Lagrein den ersten Rang in der Hierarchie der Kellerei eingenommen, eine alte Rebsorte, autochthon und fähig, einen eleganten und wiedererkennbaren Wein abzugeben. Eine der Flaschen, mit denen man seine Freunde beeindrucken kann, ist der Alto Adige Lagrein Abtei Muri Riserva. Man gewinnt ihn aus den besten Lagen des Anwesens, unter anderem vom »Klosteranger«, einem Weinberg im Garten des Konvents, direkt im Zentrum von Bozen.

Von purpurner Farbe, duftet er nach Brombeeren, Heidelbeeren, welken Rosen, Bitterschokolade, Lakritz, feuchter Erde und mineralischen Anklängen, fast wie Radiergummi. Im Mund ist er rund und fleischig, aber auch sehr ausgewogen. Er passt zu hellen Fleischsorten und ist perfekt zu gebratenem Schweineschnitzel mit aromatischen Kräutern. *Salute!*

Alto Adige Lagrein Abtei Muri Riserva | Rosso DOC | Lagrein 100% | Muri-Gries | Piazza Gries 21 | 39100 Bolzano | Tel. 0471/282287 | www.muri-gries.com | info@muri-gries.com

ABTEI MURI®
SÜDTIROL
DENOMINAZIONE DI ORIGINE CONTROLLATA
LAGREIN
RISERVA
2012

25_Gemeinschaftliche Exzellenz

Die Qualität macht die Stärke aus •••

Bereits einige Jahre vor Christi Geburt ließ sich der römische *colonus* Cornelius auf diesem Land nieder, um Wein zu produzieren, und begründete so den Ruf dieser Gegend, günstig für den Weinanbau zu sein. Von dem Gut »Cornelianum« stammt Curilan, das 1.000 Jahre später den Namen Cornaiano erhält – oder Girlan im Deutschen. Hier gründeten 1960 28 Winzer die Genossenschaft Produttori Colterenzio.

Heute zählt die Genossenschaft fast 300 Winzer, die Trauben aus 300 Hektar Weinbergen zusammenbringen. Der Erfolg der Kellerei gründet auf der Überzeugung, dass Qualität sich eher bezahlt macht als Quantität. Das Verdienst daran gebührt Luis Raifer, der seit 1979 eine weitsichtige Unternehmensführung eingeleitet und die Produktion des abgefüllten Weines sowie die Exporte und den Umsatz erhöht hat.

Da sich ein guter Wein nicht aus mittelmäßigen Trauben gewinnen lässt, wurde auch das System der finanziellen Beteiligung der Genossen geändert: Die Winzergenossenschaft bezahlt ihre Lieferanten nicht nach Zuckergehalt der Trauben, sondern nach Hektarertrag und nach Bestimmung für die unterschiedlichen Weinsorten. Die Auswahl der Trauben erfolgt mittels Verkostung, um nicht nur die Qualität, sondern auch ihre geschmacklichen Eigenschaften zu bestimmen.

Der Wein, den wir Ihnen empfehlen, ist der Alto Adige Cabernet Sauvignon Lafòa. Die Trauben stammen vom gleichnamigen Gut zwischen Cornaiano und Colterenzio, sie wachsen auf einer Höhe von 430 Metern über dem Meer und in einer ausgezeichneten Sonnenlage. Nach der Gärung verbringt der Wein 116 Monate im Barrique. Danach hat er eine stumpfe rubinrote Farbe, aber mit phantastischen Düften von Johannisbeere, Maulbeere, Bitterschokolade, Eukalyptus, Grafit und leichten Gewürznoten. Er passt perfekt zu heißer Polenta und geschmortem Rehbraten. *Salute!*

Alto Adige Cabernet Sauvignon Lafòa | Rosso DOC | Cabernet Sauvignon 100% | Schreckbichl Colterenzio | Strada del Vino 8 | 39057 Cornaiano (BZ) | Tel. 0471/664246 | www.colterenzio.it | info@colterenzio.it

CABERNET
SAUVIGNON
2011
Lafóa

26 Mythen zum Entzaubern

Große Flaschen, große Zahlen, kleine Preise ••

Die Winzergenossenschaften des Alto Adige werden seit Jahren für das hohe Niveau bewundert, das ihre Weine erreichen. San Michele Appiano ist die erste Weinmarke Südtirols und Italiens, die gezeigt hat, dass große Mengen, Genossenschaftswesen und mäßige Preise nicht notwendigerweise im Gegensatz zu der Exzellenz der angebotenen Weine stehen.

Appiano ist die größte Winzergemeinde des Alto Adige. Hier gründeten 1907 40 Winzer aus dem Ort die Genossenschaft St. Michael Eppan. Das Gebäude ist unverwechselbar in seinem Südtiroler Stil, mit seiner Mischung aus Kastell und Jugendstilvilla. Heute zählt dieses genossenschaftliche Unternehmen 350 Genossen und 380 Hektar Weinberge, die auf den Hängen rund um die Ortschaft verstreut sind. Die reichhaltige Sonneneinstrahlung, die milde Brise, die tagsüber von Süden aus Richtung Ora (Auer) weht, und die Winde, die nachts vom Massiv des Mendels kommen, erlauben den Trauben, einen hohen Zuckergehalt, Säure und aromatische Komponenten zu entwickeln.

Im Keller hat Hans Terzer, einer der renommiertesten Önologen der Welt, klare Vorstellungen. Für ihn »erlaubt Qualität keine Kompromisse«. Seit er 1977 die Verantwortung für den Keller übernommen hat, sind die Weine kontinuierlich besser geworden. Der Sauvignon Sanct Valentin überrascht jedes Jahr durch sein Gleichgewicht von Reichtum, Säure und Mineralität. Von glänzender strohgelber Farbe, duftet er nach Zitronatzitrone, Limonenschale, Brennnessel, Basilikum und Majoran. Im Mund ist er spitz und besitzt die Anlage für einen intensiven und langen Nachgeschmack nach Zitrusfrüchten und Blumen. Die Trauben, aus denen er hergestellt wird, stammen aus der Gegend von Sankt Valentin, der höchsten (620 Meter über dem Meer) und angesehensten Lage des Weingutes. Dieser Sauvignon, von dem ein kleiner Teil im Holzfass reift, passt gut zu Fisch (auch zu Süßwasserfischen wie Seesaiblingen) oder zu Gemüsegerichten. *Salute!*

Alto Adige Sauvignon Sanct Valentin | Bianco DOC | Sauvignon 100% | St. Michael Eppan | Via Circonvallazione 17/19 | 39057 Appiano (BZ) | Tel. 0471/664466 | www.stmichael.it | office@stmichael.it

SANCT VALENTIN
2014
SAUVIGNON
SÜDTIROL-ALTO ADIGE
ST. MICHAEL-EPPAN
KELLEREI ST. MICHAEL-EPPAN | ITALIA

27 Der süße Gewürztraminer

Ein Wein zum Schlemmen ••

Im Jahre 1898 gründete Christian Schrott in Termeno (Tramin), Pfarrer und ehemaliger Wiener Parlamentsabgeordneter, zusammen mit einigen Weinbauern zu Füßen des Monte Roen die Winzergenossenschaft Tramin. 100 Weinlesen später startete die Kellerei das Projekt »Terminum«, ein erster Schritt zu einer Weinkultur mit höchsten Qualitätsansprüchen. Der Erfolg dieser Produktlinie war so groß, dass das Unternehmen sich entschied, die gesamte Produktion an Exzellenzwerten zu orientieren.

Mittlerweile konnten diese Weine, deren erste Jahrgänge 1991 auf den Markt kamen, auf der ganzen Welt Kritikerpreise sammeln. Heute verarbeitet die Kellerei Trauben von 290 Weinbauern und wird von Willi Stürz geführt, einem Önologen aus dem Herkunftsgebiet Termeno DOCG. 2010 wurde das Genossenschaftsgebäude völlig neu vom Architekten Werner Tscholl entworfen und ist heute ein Meisterwerk aus Holz und Stahl, Glas und Beton, Transparenz und Schatten, das sich perfekt mit dem Grün der Südtiroler Landschaft verbindet.

Termeno ist die Heimat des Gewürztraminers. Diese autochthone Rebsorte wird im Gebiet von Söll (Sella) angebaut, 400 Meter über dem Meer, oberhalb des Lago di Caldaro. Die großen Temperatursprünge zwischen Tag und Nacht und der Wind vom Lago di Garda begünstigen diese Gegend, die als ideal für aromatische Weißweine angesehen wird. Vom Gewürztraminer wird einer der Schätze der Kellerei gewonnen: der Roen, der aus Trauben gekeltert wird, die bis Anfang Dezember an den Reben welken. Von leuchtend goldener Farbe duftet der Wein nach reifer gelber Frucht, eingelegter Ananas, kandierter Limonenschale und Honig. Im Mund hat er eine cremige Konsistenz mit einer außergewöhnlichen Süße, die jedoch durch den säuerlichen Anklang von Gelee aus Zitrusfrüchten gut ausgeglichen wird. Der Wein passt perfekt zu Süßspeisen aus Früchten, Zitrusfrüchten oder Nüssen. Er eignet sich auch sehr gut für Schimmelkäsesorten. *Salute!*

Alto Adige Gewürztraminer Vendemmia Tardiva Roen | Bianco Dolce DOC | Gewürztraminer 100% | Tramin | Strada del Vino 144 | 39040 Termeno (BZ) | Tel. 0471/096633 | www.cantinatramin.it | info@cantinatramin.it

TRAMIN
Roen
TRAMIN

28 Eine feine Anspielung

Was wäre die Welt ohne Giulio ... ••••

Ferrari ist ein Gigant in der Welt des Weines, Symbol des italienischen Sektes nach der klassischen Methode und der Weinkultur des Trentino. Die Verbreitung von Chardonnay-Trauben in Italien fällt mit der Entstehung dieser Kellerei zusammen, die 1902 von Giulio Ferrari in Trento gegründet wurde. Nach lehr- und arbeitsreichen Jahren in der Champagne kehrte Giulio nach Hause zurück, um das Gelernte in die Praxis umzusetzen. Er ist unternehmerisch veranlagt und eher ein Baumschulmeister als ein Weinbauer. Er möchte mit dem Verkauf von Chardonnay-Setzlingen reich werden. Das Problem ist, dass kein italienischer Winzer die Möglichkeiten dieser Rebsorte kennt.

Zu dieser Zeit baute man eine bestimmte Sorte an, weil zuvor der Vater und der Großvater sie kultiviert hatte. Um die Möglichkeiten seiner Auswahl bekannt zu machen, stellte Giulio Sekt als Geschenk für seine Kunden her. Aus dieser kleinen, aber genialen Marketingaktion entstand etwas Neues in der Weinwelt. 1952 verkaufte Giulio die Marke und die Kellerei für 30 Millionen alte Lire an den Weinhändler Bruno Lunelli, der bereits alle Nuancen der Ferrari-Sekte kannte und verkaufte.

Bruno weitete die Produktion aus. Heute wird das Unternehmen von der dritten Generation Lunelli geführt. Von den 9.000 Flaschen, die im Jahr 1952 produziert wurden, ist man zu 4,5 Millionen 2015 gelangt. Der Brut Giulio Ferrari Riserva ist eine feine Anspielung auf den Gründer. Man stellt ihn in besonderen Jahren her, mit dem Chardonnay des Weinbergs Maso Panizza. Die Weinernte wird von Hand vorgenommen, wenn die Beeren Mitte September voll ausgereift sind. Nach zehn Jahren auf den Hefen hat der Wein eine goldgelbe Farbe und eine feine Perlung.

Er duftet nach tropischen Früchten, Vanille, Brötchen und Wiesenblumen. Im Mund ist er reich, frisch, schmackhaft, weich und unendlich. Er ist ein ewiger Wein und kann zu jedem Essen getrunken werden außer zu süßen Desserts. *Salute!*

Trento Brut Giulio Ferrari Riserva del Fondatore | Bianco Spumante DOC | Chardonnay 100% | Ferrari | Via Ponte di Ravina 15 | 38123 Trento | Tel. 0461/972311 | www.cantineferrari.it | info@cantineferrari.it

20 04
GF
Riserva del Fondatore
GIULIO
FERRARI
Fratelli Lunelli
TRENTODOC

29__Die Mamma des Teroldego

Stärke und Feinfühligkeit im selben Glas ••

Elisabetta Foradoris Name ist geradezu gleichbedeutend mit Wein. Als Winzertochter erwirbt sie 1984 am historischen Istituto Agrario di San Michele all'Adige ihr Diplom und übernimmt mit nur 19 Jahren nach dem Tod des Vaters die Leitung des Familienunternehmens: 24 Hektar Weinberge zwischen Piana Rotaliana und den Hügeln von Cognola. Die erste Weinernte scheint eine endlose Plackerei zu sein. Aber Elisabetta ist eine starke Frau und beugt sich nicht. Sie hört auf die Natur, experimentiert und lernt. Sie beginnt sich als Teil des natürlichen Kreislaufes zu fühlen und versteht, dass die Erde ein lebendiger Organismus ist. Sie respektiert sie und beutet sie nicht aus.

2002 stellt sie auf »biodynamische« Bebauung um – eine alternative Anbaumethode, die darauf abzielt, die Lebensenergie des Bodens und der Produkte, die man aus ihm gewinnt, zu erhalten. Wir können euch nicht sagen, ob das funktioniert, aber wir können euch garantieren, dass Elisabetta der Wein sehr gut gelingt. Auch die prestigeträchtige Rebsorte dieses Winkels des Trentino verdankt ihrer Arbeit viel. Unter den Verdiensten Elisabettas findet sich nämlich auch, die besten Klone des Teroldego wiederentdeckt zu haben, eine autochthone Rebe, die heute zu Recht als eine der interessantesten aus Norditalien angesehen wird.

Der Sgarzon ist ein reines Produkt aus dieser Rebe. Die Weinstöcke wachsen in Mezzolombardo, in Campo Rotaliano, und auf den Überschwemmungswiesen des Noce. Ein Dreieck von 400 Hektar, umgeben von den mächtigen Felswänden der Dolomiten, an der Grenze des Trentino zu Südtirol. Nach der Ernte gären die Trauben in 430-Liter-Amphoren, acht Monate mit den Schalen und sechs Monate ohne.

Der Nektar, der daraus entsteht, ist ein raffiniertes Konzentrat. Von stumpfer rubinroter Farbe mit Aromen von schwarzer Johannisbeere, Brombeere, leicht verwelkten Blumen und Kakao. Weich, frisch, komplex und zugleich von einer sofort wiedererkennbaren Güte. Er passt zu Spezzatini, Gulasch und Schmorbraten. *Salute!*

Sgarzon | Rosso IGT | Teroldego 100% | Foradori | Via Damiano Chiesa 1 | 38017 Mezzolombardo (TN) | Tel. 0461/601046 | www.elisabettaforadori.com | info@elisabettaforadori.com

Dolomiti - Italia
2013
MOREI
TEROLDEGO
VIGNETI DELLE DOLOMITI
INDICAZIONE GEOGRAFICA TIPICA
FORADORI

30_Ein Sekt wie eine Dame

Trentiner Spritzigkeit ••••

Im Tal das Grün der Felder, der Weinreben und der Obstbäume. Weiter oben die Koniferenwälder, die allmählich lichter werden und dem nackten grauen Fels der Dolomiten den Raum überlassen. Schließlich der Kontrast zwischen den weißen Gipfeln vor dem klaren Himmel mit seinem tiefen Blau, beschienen von strahlendem Sonnenlicht. Dieses Bild kann man jeden Morgen betrachten, wenn man ein Fenster von Maso Martis öffnet.

Wir sind in Martignano, oberhalb von Trento, zu Füßen des Monte Calisio, auf 450 Metern Höhe. Hierher sind 1986 Alberto Stelzer und Roberta Giuliari gezogen und haben sich dort, gerade zwanzigjährig, ihr kleines Paradies geschaffen. Sie haben den alten Bauernhof wieder zum Leben erweckt und zwölf Hektar Wein gepflanzt. Vor allem Chardonnay und Pinot Noir, um sofort auf die klassische Methode zu setzen. In einem zweiten Schritt sind der Pinot Meunier und der rare Moscato Rosa hinzugekommen.

1990 fand die erste Weinlese statt, dann kamen die Töchter Alessandra und Maddalena auf die Welt. Ihnen haben die Eltern seit 1999 ihre prestigeträchtigste Riserva gewidmet, den Madame Martis, nach klassischer Weise versektet und nur aus den besten Trauben des Gutes hergestellt sowie über gut neun Jahre auf den Hefen verfeinert. Bis 2014 sind davon lediglich 500 Flaschen pro Jahrgang hergestellt worden, was ihre Bekanntheit auf den Märkten einschränkte. Seit der Weinernte 2015 wurde die Produktion verdoppelt, und dieser wunderbare Trento DOC hat sich den Weinliebhabern in seiner ganzen Geschmacksstärke offenbaren können. Ein wahrhaftiges Ass im Ärmel, von trüber Goldfarbe und einem exzellenten Aromenschwall, der von Ananas bis Passionsfrucht, von roter Johannisbeere bis zum Erdbeerbaumhonig reicht. Das Finale schmeckt nach Gebäck mit mineralischen und gerösteten Anklängen. Im Mund ist er pure Seide, frisch, schmackhaft und von einem engelhaften Gleichgewicht. Sie können ihn zu einem ganzen Essen trinken. *Salute!*

Trento Brut Madame Martis Riserva | Bianco Spumante DOC | Pinot Nero 70%, Chardonnay 25%, Pinot Meunier 5% | Maso Martis | Via dell'Albera 52 | 38121 Martignano (TN) | Tel. 0461/821057 | www.masomartis.it

MADAME
MARTIS

31 Das Eden des Weines

Der diskrete Charme der Önologie •••

Was ist Eleganz, wenn nicht die Fähigkeit, ohne Übertreibung zu verzaubern? Dies ist die Wirkung, die die Weine der Tenuta San Leonardo haben. Sie sind wie ein Garten Eden, der Ästheten und Weinfreunde in seinen Bann ziehen kann. Ein Bild wie aus dem 18. Jahrhundert, das aus einem gepflegten Garten, einer Baumallee, einem kleinen Teich, einem Park, Rebanlagen, einem Rosenbeet und der Villa Gresti besteht.

Die Tenuta, seit 1724 tatsächlich im Besitz der Familie Guerrieri Gonzaga, befindet sich in Avio, im Val Lagarina (Lagertal) im südlichen Trentino. Anscheinend haben hier im Jahr 588 die bayrische Prinzessin Theodolinde und der Langobardenkönig Authari geheiratet. Schon zu diesem Fest stieß man mit besagtem Wein an. In Wirklichkeit datiert der erste sichere Beleg für die Existenz dieses Ortes 300 Jahre später, als der Bischof von Verona seinem Kollegen in Trento Wälder, Wiesen und Weinberge auf den Campi Sarni überließ. Kein schlechtes Geschenk, auch weil die Anzucht der Weinreben durch die Präsenz der Monti Lessini begünstigt wird, die die Weinberge vor der Kälte aus dem Norden schützen. So werden sie von den milden Brisen umschmeichelt, die vom Lago di Garda herüberwehen.

Die ton- und kalkreichen Böden besorgen den Rest. Diese Bedingungen erlauben den Reben, in ihren Früchten einen hohen Antizyan-Anteil zu bilden, also die gesunden Antioxidantien von violetter Farbe, die in der Haut der Beeren enthalten sind.

Der San Leonardo ist das Symbol der Tenuta. Der Stil ist à la Bordeaux: Ausgewogenheit, Weichheit und Langlebigkeit werden gewonnen aus der Kombination von Cabernet Sauvignon (60 Prozent), Carménère (30 Prozent) und Merlot (10 Prozent). Ein Fürst von rubinroter Farbe, duftend nach Brombeer- und Heidelbeermarmelade, Ginster und Lakritz vor einem Hintergrund aus Blumen und Moschus. Trinken Sie ihn zu rotem Fleisch vom Holzgrill, gewürzt mit aromatischen Kräutern, oder zu gereiften Käsesorten. *Salute!*

San Leonardo | Rosso DOC | Cabernet Sauvignon 60%, Carménère 30%, Merlot 10% | Tenuta San Leonardo | Loc. San Leonardo | Fraz. Borghetto all'Adige | 38060 Avio (TN) | Tel. 0464/689004 | www.sanleonardo.it

BELLI AC PACIS AMATOR
San Leonardo
2008
MARCHESE
CARLO GUERRIERI GONZAGA

32 Picolit ist schön!

100 Jahre im Wein ••••

Livio Felluga wird in die Welt des Weines hineingeboren. Sein Urgroßvater beginnt Weinreben zu kultivieren, als Istrien noch Teil des Habsburgischen Reiches ist. Mit 15 Jahren verkauft Livio den Familienwein in Carnia, indem er von Grado mit dem Fahrrad losfährt, wo sein Vater das Geschäft hat. Dann folgen die Tragödie des Zweiten Weltkriegs und die Einziehung ins italienische Heer. Er verbringt drei Jahre in Libyen, gerät in Gefangenschaft, überlebt und kämpft in Schottland. Nach dem Waffenstillstand kehrt er nach Hause zurück, doch während die Mehrheit der Italiener in den neuen städtischen Fabriken Arbeit findet, setzt er auf das Land, die Colli Orientali di Friuli. Im Jahr 1956 gründet er in Brazzano di Cormòns die »Livio Felluga«, und dank seines Einsatzes erblüht der friaulische Weinanbau nach den Verwüstungen des Krieges wieder.

Als Wein immer noch als einfaches Lebensmittel betrachtet wurde und man auf den Korbflaschen lediglich »bianco« oder »rosso« lesen konnte, setzte Livio auf Qualität und beschloss, seine Flaschen mit der Reproduktion einer alten Landkarte zu etikettieren, um die Herkunft der Trauben anzuzeigen. Heute ist dieses Etikett Kult geworden. Denn die Zeit hat Livio recht gegeben, und dieser Landstrich wird heute als einer der für den Weinanbau prädestiniertesten angesehen. Am 1. September 2014 feierte der Patriarch der friaulischen Önologie seinen 100. Geburtstag.

Eines seiner Meisterwerke ist der Picolit. Man gewinnt ihn aus den welken Beeren der gleichnamigen autochthonen Rebe, deren Besonderheit es ist, wegen der verkümmerten Blüte kleine und wenige Früchte hervorzubringen. Diese wenigen Früchte halten jedoch eine Explosion von Aromen bereit. Der Picolit Felluga ist von glänzend goldener Farbe und duftet nach kandierter Ananas, Zitrusgelee und Nüssen mit einer Note Salz im Hintergrund. Im Mund ist er cremig, süß, aber auch schmackhaft. Der Wein passt sehr gut zu aromatischen Käsesorten, Foie gras und trockenem Gebäck. *Salute!*

Colli Orientali del Friuli Picolit | Bianco Dolce DOCG | Picolit 100% | Livio Felluga | Via Risorgimento 1 | 34071 Brazzano di Cormòns (GO) | Tel. 0481/60203 | www.liviofelluga.it | info@liviofelluga.it

LivioFelluga
Livio Felluga
Picolit

33 Der Herr des Weines

Dem bleibt nichts hinzuzufügen ...

»Wein herstellen ist wie Wasser suchen, man muss zur Quelle vordringen, denn an der Mündung ist es verschmutzt.« Mit diesem Satz fasst Josko Gravner seine Entwicklung als Önologe zusammen, vom spontanen jungen Mann zum geduldigen »Kultivator« des Weines. Eine Philosophie, die in Jahren gereift ist, als er in seiner Kellerei Oslavia alles ausprobiert hat, was die Industrie als »neuste Technologie« anpries.

In den 90er Jahren setzte er auf kleine Fässer und auf eine Mazeration der Trauben auch für Weißweine. Damit erhielt er die ersten Würdigungen. Dann die Reise nach Kalifornien, wo er verstanden hat, was er alles nicht machen wollte. So hat er die Barrique-Fässer abgeschafft und sie durch Amphoren aus Ton ersetzt. »Der Wein wächst in der Erde, sie ist seine Quelle.« Die Frucht entsteht im Schoß der Erde, dorthin kehrt sie zurück. Der Ton vergibt nichts, er mildert nichts ab, sondern verstärkt die Charaktereigenschaften der Traube. Dafür ist es notwendig, dass die Beeren völlig gesund und reif sind.

An diesem Punkt könnte nun die Technik ins Spiel kommen. Laboruntersuchungen, Brix- oder Oechsle-Grade. Hier überrascht uns Josko aufs Neue: »Wein machen ist ein ununterbrochenes Risiko. Mir gefällt das Risiko. Ich füge nichts hinzu, ich nehme nichts weg, und ich ernte so spät wie möglich, um sicher zu sein, dass die Trauben reif sind. Ich mache überhaupt keine Analysen, die sind für diejenigen da, die sich nicht sicher sind, was sie tun.« Das ist keine Anmaßung, kein Fatalismus, sondern wohlabgewogene Absicht. Die Natur ist die Herrin.

Eine der beiden Weinsorten, auf die Gravner seit 2013 vollständig setzt, ist der Ribolla. Man erhält ihn aus der gleichnamigen weißen Traube des Friaul. Diese gärt zusammen mit den Schalen in unterirdischen Amphoren. Nach einer Verfeinerung über sieben Jahre zwischen Tongefäß und großem Holzfass entsteht ein Nektar von Ambrafarbe, der nach Orangenschalen, exotischen Früchten und Trockenfrüchten duftet, schmackhaft, reich, frisch und unendlich, bei Zimmertemperatur zu trinken. *Salute!*

Ribolla | Bianco IGT | Ribolla Gialla 100% | Gravner | Loc. Lenzuolo Bianco 9 | 34170 Oslavia (GO) | Tel. 0481/30882 | www.gravner.it | info@gravner.it

GRAVNER

34_Ein Gelobtes Land

Wo die Qualität des Weines zu Hause ist •••

Im Jahr 1881 kommt Anton Jermann in Farra d'Isonzo an, nachdem er die österreichische Weinregion des Burgenlandes und später die Weinberge Sloweniens hinter sich gelassen hat. Hier setzt er seine Tätigkeit fort, indem er die Società Agricola Jermann gründet. Sein Urenkel, Silvio Jermann, beginnt in den 70er Jahren jene Arbeit der Qualitätsverbesserung, die die Kellerei auf den internationalen Gipfel der Önologie bringt.

Das Anwesen erstreckt sich auf 160 Hektar, wovon 140 Weinberge sind und etwa 20 mit Getreide bebaut werden. Silvio erhält seine Ausbildung in der historischen Scuola Enologica di Conegliano und tritt mit jugendlichem Enthusiasmus ins Unternehmen ein ... und dem Willen, alles zu revolutionieren. Keine schweren und starken Weine mehr, sondern duftende, harmonische, die in die Zukunft schauen. Sein jugendliches Feuer entfernt ihn vom Vater, aber nach einem Aufenthalt in Kanada gelingt es ihm, seine innovativen Ideen zur Geltung zu bringen.

Der Capo Martino entsteht aus einem Traubenmix von internationalen und autochthonen Rebsorten: Sauvignon, Chardonnay, Picolit, Malvasia Istriana und Ribolla Gialla. Erstmals 1991 produziert, hieß er anfänglich »Piccolo Sogno verso una terra promessa« (Kleiner Traum von einem Gelobten Land), um an die »Reise« des Urgroßvaters Anton von Slowenien ins Friaul vor 110 Jahren zu erinnern. Der Name Capo Martino stammt von dem Hügel im Herzen des Collio, wo der Weinberg auf 7,5 Hektar gedeiht. Nach der Ernte gären die Trauben in 750-Liter-Bottichen aus slowenischer Eiche, um dann weitere 16 Monate ausgebaut zu werden.

Nach zwei Jahren kommt er aus der Kellerei, um sich in einer schönen, klaren Goldfarbe zu präsentieren, mit Düften von Apfel, Enzian, Bergamotte, Zitronenverbene, Spargel und Salzwasser. Im Mund ist er voll, aber ausgeglichen, salzig mit einer schönen harmonischen Persistenz. Er passt perfekt zu Käseplatten und Hülsenfrüchten, gebackenem Fisch und hellen Fleischsorten. *Salute!*

Capo Martino | Bianco IGT | Sauvignon, Chardonnay, Picolit, Malvasia Istriana und Ribolla Gialla | Jermann | Via Monte Fortino 21 | 34072 Farra d'Isonzo (GO) | Tel. 0481/888080 | www.jermann.it | info@jermann.it

N
TERRA DELIMITATA®
2012
Capo Martino
BIANCO VENEZIA GIULIA
Indicazione Geografica Tipica
Imbottigliato da Jermann in DOLEGNA del COLLIO - Italia
ENTHÄLT SULFITE - CONTAINS SULPHITES - CONTIENE SOLFITI
PRODOTTO IN ITALIA
N° 14754
Jermann
75 cl e
13,5 %vol
Sold to: Fede & Tinto

35__Claps, claps!

Ein Wein zum Applaudieren •

Wir befinden uns in einem grünen Land, vollständig mit Weinbergen bedeckt. Es ist eines der renommiertesten Weinanbaugebiete des Friaul, im äußersten Osten der Region. Wir sind im Herkunftsgebiet Isonzo, genauer gesagt San Lorenzo Isontino. Genau hier entstand 1879 das Weingut Lis Neris. Der Name, der »die Schwarzen« bedeutet, erinnert an die Witwen, die im 19. Jahrhundert zur Arbeit auf den Feldern ganz in Schwarz gekleidet gingen! Das Tal des Isonzo wurde vor 300.000 Jahren von Gletschern gebildet. Diese wanderten von Slowenien durch die Berge und Hügel und gelangten so vom Gebiet des heutigen Gorizia bis nach Romans. Als sie schmolzen, wurde das Tal freigelegt, und das Wasser hinterließ beim Zurückgehen eine ungeheure Menge an Steinen und kleinen Kieseln, »claps« auf Friulanisch.

Heute ist diese Menge an Kieseln ein Glücksfall für die Weine der Gegend. Diese begünstigen nämlich die Verteilung von Wasser und Sauerstoff und machen so den Unterboden für die Wurzeln der Weinstöcke sehr geeignet. Die Kiesel an der Oberfläche speichern tagsüber Wärme, die sie nachts wieder abgeben, womit sie die Reifung der Trauben fördern.

Die Temperaturschwankungen, die durch den Bora-Wind verursacht werden, vervollständigen das Bild von einem Bodenklima, das die Akkumulierung aromatischer Bestandteile in den Beeren begünstigt. Zu diesen tritt schließlich noch das Können des Menschen, in diesem Fall Alvaro Pecorari, der die Lis Neris seit 1981 leitet.

Von den Chardonnay-Reben, die in San Lorenzo gepflanzt wurden, auf einem Boden, der die ersten 50 Meter aus Kieseln besteht, wird der Jurosa gewonnen, ein starker und zugleich eleganter Wein. Von goldener Farbe, duftet er nach frisch-säuerlichem Apfel, Gelée Royale, Kamille, kandierten Zitrusfrüchten, Verbene und Zedernholz. Im Mund ist er reich und fleischig, ausgewogen zwischen mineralischem und geräuchertem Geschmack. Er passt perfekt zu Fisch und Gemüse, aber auch zu hellen Fleischsorten, gewürzt mit aromatischen Kräutern. *Salute!*

Friuli Isonzo Chardonnay Jurosa | Bianco DOC | Chardonnay 100% | Lis Neris | Via Gavinana 5 | 34070 San Lorenzo Isontino (GO) | Tel. 0481/80105 | www.lisneris.it | lisneris@lisneris.it

LIS NERIS®
2012
JUROSA
Chardonnay
dai nostri vigneti piantati nella parte più bella di un
piccolo altopiano di ghiaie profonde, trascinate a valle dalle acque
di scioglimento dei ghiacciai delle Alpi Orientali
Friuli - Italia

36 Ziseleure der Reben

Der Stolz des Friaul •

Im Jahr 1900, als die Zeit noch gemächlich verstrich, zog der Großvater von Franco Toros, dem heutigen Besitzer der Kellerei, nach Novali um, in den friulischen Teil des Collio, um das Weingut Toros zu gründen. Seither sind vier Generationen zwischen den Rebspalieren aufeinander gefolgt und haben jene Weinstöcke gepflegt, von denen heute die vielfach ausgezeichneten Weine der Familie gewonnen werden.

Im Norden beschützt die Kette der julischen Voralpen die Weinberge vor den kalten Nordwinden, während die Adria im Süden dazu beiträgt, saisonale Temperaturunterschiede zu mildern. Der Boden ist reich an organischem Kompost und Mineralien.

Den Friulano gewinnt man aus einer Rebsorte, die 1990 gepflanzt wurde. Bekannt war er bis vor wenigen Jahren als Tocai, musste aber neu benannt werden, um eine Verwechslung mit dem ähnlich klingenden ungarischen Tokajer zu vermeiden, mit dem er rein gar nichts zu tun hat. Einige Winzer vor Ort schreiben aus Protest immer noch die Bezeichnung »Tocai« auf ihre Flaschen, allerdings falsch herum. Wenn Sie eine Flasche »Jacot« vor sich haben, können Sie sicher sein, dass es sich um nichts anderes als um Friulano handelt.

Es ist eine Rebsorte von unendlichen Möglichkeiten, in der Lage, einen Wein zu liefern, der strukturiert und mineralisch ist und nach Blumen duftet. Eine der höchsten Formen dieser Traube ist der Friulano Toros. Er wird ausschließlich in Stahlfässern gekeltert und ausgebaut und kommt nie mit Holz in Berührung.

Er verströmt ein faszinierendes Aroma von Marmelade aus Zitrusfrüchten, Minze und Ananas, zusammen mit Anklängen an Salz und Rauch. Der Schluck ist reichhaltig und einnehmend und wird von einer tadellosen frisch-schmackhaften Tendenz unterstützt. Der Abgang erinnert an Zitrusfrüchte und Mineralien. Er passt perfekt zu rohen, delikaten Schinken wie dem Cormòns oder dem San Daniele, zu frischen Käsesorten oder Fischgerichten. *Salute!*

Collio Friulano | Bianco DOC | Friulano 100% | Toros | Loc. Novali 12 | 34071 Cormòns (GO) | Tel. 0481/61327 | www.vinitoros.com | info@vinitoros.com

Collio
TOROS
TOROS
Collio
Denominazione di Origine Controllata
FRIULANO
2014
Imbottigliato all'origine dalla Azienda Agricola
Toros Franco - Cormòns - Italia
Prodotto in Italia
75 cl ℮
13,5% vol

37 Zwei sind besser als einer

Der hier lässt sich trinken ••

Die Geschichte dieser Kellerei beginnt am 6. Februar 1930, als Daniele Venica in Dolegna del Collio einen Hof mit Bauernhaus und Weinreben drum herum kauft. Nach ihm wächst das Unternehmen unter dem Sohn Adelchi und dann unter den Enkeln Gianni und Giorgio, woher der Name Venica & Venica stammt. Tatsächlich sind es Gianni und Giorgio, die seit 1977 das landwirtschaftliche Unternehmen umgestalten. Statt ein bisschen von allem zu produzieren, setzen sie ganz auf exzellente Weine. Bald stellt sich Giannis Gattin Ornella an ihre Seite, die heute als eine der unternehmungslustigsten Frauen des italienischen Weines angesehen wird. Nach all den Jahren, die sie damit zugebracht hat, durch die Welt zu reisen und den Collio und die Familienweine bekannt zu machen, kann man ihr das kaum absprechen. Heute ist zu dieser schlagkräftigen Truppe die vierte Generation hinzugekommen, repräsentiert durch Giampaolo.

Die 39 Hektar Weinreben verteilen sich auf Talsohle und Hügel, die bestgeschützten und abgeschirmten Buchten sind für die Rebsorten mit roter Frucht reserviert, während die weißen eher auf kälteren Böden mit größeren Temperaturschwankungen wachsen. Ziel ist es, Weine herzustellen, die vom Terroir künden. Deswegen wird die Verwendung von Holz auf ein Minimum reduziert. Jeder Wein heißt nach seinem Weinberg.

Der Sauvignon Ronco Delle Mele ist das bekannteste und am meisten ausgezeichnete Produkt. Nach der Ernte wird ein kleiner Teil des Mostes sieben Monate lang in Holzfässern gekeltert, während der restliche Teil in Stahlfässern gärt und ruht. Der Wein hat eine schöne strohgelbe Farbe, mit smaragdenen Reflexen. Er duftet nach Litschi, Fuji-Äpfeln, Limette, Zitronenverbene, Spargel und Poleiminze auf mineralischem Hintergrund. Im Mund ist er weich mit Anklängen an Zitrusfrüchte und einem mineralischen Schauer, der die Persistenz erhöht. Der Wein passt großartig zu einem ersten Gang mit Fisch, Gemüse oder hellen Fleischsorten in Zitruscremesoße. *Salute!*

Collio Sauvignon Ronco Delle Mele | Bianco DOC | Sauvignon 100% |
Venica & Venica | Loc. Cerò 8 | 34070 Dolegna del Collio (GO) | Tel. 0481/61264 |
www.venica.it | venica@venica.it

2014
VENICA®
Ronco delle Mele
COLLIO
DENOMINAZIONE DI ORIGINE CONTROLLATA
SAUVIGNON
IMBOTTIGLIATO DA VENICA & VENICA
DI GIANNI E GIORGIO VENICA
S.S. SOCIETÀ AGRICOLA

38 Süße Selbstvergessenheit

Den ersten Amarone vergisst man nie ••••

Eines Tages findet Adelino Lucchese, Önologe der Winzergenossenschaft des Valpolicella, in einer Ecke, versteckt neben alten Winterstiefeln, ein altes vergessenes Fass Recioto, des geschätzten süßen Likörweins, den man in der Gegend um Verona herstellt. Er zieht ein wenig Wein aus dem Fass, um ihn zu verkosten, und bemerkt, dass *l'è scappà!* – er »entwischt ist«. Das heißt, dass die Gärung weitergegangen ist und den gesamten Restzucker in Alkohol verwandelt hat. Der Wein ist nicht mehr süß, sondern trocken, bitter. So entstand der erste Amarone.

Die Geschichte ist noch gar nicht mal so alt: Wir befinden uns nämlich im Jahr 1936. Die Weinbauern brauchen ein paar Jahre, um zu verstehen, was für ein Glück diese Entdeckung ist, und erst 1956 wird der Recioto scapà als Recioto Amarone della Valpolicella verkauft.

Eine der Familien, die in besonderem Maße zum Erfolg des Amarone beigetragen hat, ist ohne Zweifel die von Giovanni Allegrini, der es in den 70er Jahren verstanden hat, das landwirtschaftliche Unternehmen der Familie in ein Weingut umzuwandeln. Giovanni führte Überzeugungen ein, die für seine Zeit revolutionär waren, vor allem: die Produktion von Weinen jeweils aus nur einem Weinberg, also aus einer Lage. Er erhielt den Spitznamen »Spinne der Fässer«, weil er in seinem Keller bei der Verkostung der eigenen Weine wie eine Spinne von einem Fass zum anderen zu springen pflegte, während er die Meinungen und Eindrücke seiner Gäste anhörte. Heute wird das Unternehmen von Franco und Marilisa geführt.

Ihr Amarone zeigt sich in einer schönen, intensiven Kirschfarbe mit Aromen von Trockenpflaumen, grob gemahlenem schwarzen Pfeffer, Anis, Schokolade, Humus, Leder, Tabak und Balsamgerüchen. Im Mund ist er samtig und rund und hinterlässt den angenehmen und langen Geschmack süßer Gewürze. Trinken Sie ihn zu gegrilltem Fleisch, Schmorbraten und lange gereiften Käsesorten oder auch zu Gerichten mit würzigem oder süßsaurem Geschmack. *Salute!*

Amarone della Valpolicella Classico | Rosso DOCG | Corvina 90%, Oseleta 5%, Rondinella 5% | Allegrini | Via Giare 5 | 37022 Fumane di Valpolicella (VR) | Tel. 045/6832011 | www.allegrini.it | info@allegrini.it

AMARONE FAMILIES
FAMIGLIE DELL'AMARONE D'ARTE
AMARONE
DELLA VALPOLICELLA
DENOMINAZIONE DI ORIGINE CONTROLLATA E GARANTITA
CLASSICO
2010
Allegrini

39__Der Amarone, der zum Mythos wurde

Der Schüler erreicht seinen Meister •••••

»Du bist ein Mythos«, sang die italienische Popgruppe 883. Wir verleihen diesen Titel an Romano Dal Forno, Jahrgang 1957, aus Verona, Winzersohn. Mit 22 Jahren hat er die Begegnung, die sein Leben verändern wird: Er lernt Giuseppe Quintarelli kennen. Der bringt ihm bei, wie man im Weinberg und im Keller arbeiten muss.

Im Jahr 1983 gründet Romano mit seiner Ehefrau Loretta sein Unternehmen: wenig mehr als zwölf Hektar Weinberge mitten im Val d'Illasi, in einer eher ebenen Gegend mit viel Sonne. Er setzt auf eine Reihe fast vergessener autochthoner Reben und schwört, in jedem noch so kleinen Detail auf Exzellenz zu achten. So beginnt eine Laufbahn, die ihn in wenigen Jahren zu einem der am meisten geschätzten Weinproduzenten der Welt macht. Die Hektarfläche hat sich verdoppelt, aber die Qualität ist tadellos geblieben: 60.000 Flaschen werden bei äußerst niedrigen Ertragsquoten produziert.

Der Amarone Dal Forno ist zum zweiten Mythos des Valpolicella geworden, grundverschieden von dem seines Lehrmeisters Quintarelli, aber ebenso aufregend. Er entsteht aus den Rebsorten Corvina, Rondinella, Oseleta und Croatina, deren Rebstöcke mindestens zehn Jahre alt sind. Nach der Weinlese Ende September, Anfang Oktober, werden die Trauben für drei Monate zum Welken in offenen, gut belüfteten Hallen ausgelegt.

Bevor er verkauft wird, wird der Wein drei Jahre im Barrique ausgebaut und weitere zwei Jahre in der Flasche. Im Glas zeigt er sich mit einer rubinroten Farbe. In der Nase ist er reich an Geschmacksnoten, er eröffnet mit Balsamtönen, gefolgt von Maulbeerbaum und Sauerkirschkonfitüre. An der Luft entfaltet er Geschmacksnoten wie Jod, Karamell, Trüffel und Leder. Im Mund ist er lang anhaltend und kulminiert in einem mineralisch-würzigen Finale. Der Wein kann Jahrzehnte überdauern. Genießen Sie seine Nuancen am besten allein. *Salute!*

Amarone della Valpolicella Vigneto di Monte Lodoletta | Rosso DOC | Corvina 70%, Rondinella 20%, Croatina 5%, Oseleta 5% | Romano Dal Forno | Lodoletta 1 | 37031 Cellore di Illasi (VR) | Tel. 045/7834923 | www.dalfornoromano.it

AMARONE DELLA
VALPOLICELLA
Amarone della Valpolicella
Denominazione di origine controllata
Imbottigliato all'origine da
Dal Forno Romano
Cellore d'Illasi - Verona - Italia
Monte Lodoletta 2008
Prodotto in Italia

40 Ein Soave für die Bühne

Der Lieblingswein von Harold Pinter •

In den 80er Jahren hat der Soave seine Seele an den Teufel verkauft. Er war in der ganzen Welt bekannt, nicht für sein Ansehen, sondern weil man von ihm eine Flasche in jedem Supermarkt für wenig Geld kaufen konnte. Von einem Bedürfnis nach Revanche ergriffen, gemischt mit *saudade*, kehrte Stefano Inama 1990 nach seinen Studien und einem Arbeitsaufenthalt in Großbritannien auf die Weinberge der Familie in San Bonifacio, in der Provinz Verona, zurück. Hier hatte sein Vater Giuseppe in den 50er Jahren begonnen, kleine Parzellen Land auf den Hügeln des Soave Classico zu kaufen. Giuseppe, der sich seit jeher mit Wein befasst hatte und als Direktor in einem Weinbauunternehmen der Gegend arbeitete, hatte verstanden, wie wichtig es war, das beste Land zu besitzen, um in Zukunft die Qualität des eigenen Weines zu sichern.

Seit 1991 produzieren und verkaufen Vater und Sohn ihre eigenen Weine. Begonnen haben sie mit einem Sauvignon, der im Barrique reift und sofort die Aufmerksamkeit der Kritiker auf sich gezogen hat. Zusammen entwickeln sie das Projekt »Resurrezione Soave« (Wiederauferstehung des Soave). Dass der Ort so gut für den Anbau weißer Trauben geeignet ist, liegt an der vulkanischen Natur des Bodens: Reiner Lava-Basalt lässt mineralische, blumige und elegante Weine entstehen. Die wichtigste Rebsorte des Unternehmens ist der Garganega, der in dieser Gegend bereits von den alten Römern vor wenigstens 2.000 Jahren angepflanzt wurde. Genau von dieser Traubenart in Reinkultur kommen die Soave-Weine von Inama, darunter auch der Vigneti di Foscarino, der Lieblingswein des englischen Theaterdichters Harold Pinter, der sich jeden Monat wenigstens vier Kisten schicken ließ.

Von intensiv gelber Farbe, duftet er nach Feldblumen, Kamille, Holunder, Schwertlilie. Im Mund ist er saftig und mineralisch, mit einer Säure, die nie ermüdet. Es ist ein langlebiger Wein, der mit den Jahren angenehme Geschmacksnoten von exotischen Früchten entwickelt. Er passt zu Stockfisch mit Polenta, Fischsuppe und Risotto. *Salute!*

Soave Classico Vigneti di Foscarino | Bianco DOCG | Garganega 100% | Inama | Località Biacche 50 | 37047 San Bonifacio (VR) | Tel. 045/6104343 | www.inamaaziendaagricola.it | inama@inamaaziendaagricola.it

INAMA
S
V
20
13
VIGNETI DI FOSCARINO
SOAVE CLASSICO
DENOMINAZIONE DI ORIGINE
CONTROLLATA
MESSO IN BOTTIGLIA ALLA PROPRIETA'
DA INAMA AZIENDA AGRICOLA
SAN BONIFACIO VERONA ITALIA
750 ml e
12,5 % Vol

41 Amarone … große Amore

Ein Terroir, so reich wie sein Wein ••••

Dies ist das Land der berühmtesten Liebe der Welt, der zwischen Romeo und Julia. Ihre Liebe war nicht nur eine große Amore, sondern auch eine bittere Amore, ein Amarone … Nach einer neueren Untersuchung des Önologen- und Weintechnikerverbandes ist das teuerste Weinanbaugebiet Italiens genau jenes, wo die großen veronesischen Rotweine wachsen. Die 7.435 Hektar, die mit Valpolicella-Reben bepflanzt sind, sind zusammengenommen gut vier Milliarden Euro wert, unangefochtener Spitzenreiter unter den italienischen Herkunftsbezeichnungen.

Einer der Hauptvertreter dieses Erfolges ist Masi Agricola. Der Name der Firma stammt von »Vaio dei Masi«, dem kleinen Tal im Valpolicella-Gebiet, das 1772 von der Familie Boscaini gekauft wurde, die heute noch Besitzerin ist. Unter den Gütern, die zum Unternehmen gehören, befinden sich auch die Possessioni Serego Alighieri, die seit 1353 den direkten Nachfahren des Dante Alighieri gehören.

Bereits seit den 50er Jahren ist Masi einer der Pioniere gewesen, wenn es um die Aufwertung der Lagen und um die Weine ging, die aus den Trauben nur eines bestimmten Weinbergs gewonnen wurden. Aus dieser Philosophie heraus ist auch Mazzano, der angesehenste Amarone des Unternehmens, hervorgegangen, der nur in günstigen Jahren und nur in limitierter Menge hergestellt wird. Der Weinberg Mazzano befindet sich im gleichnamigen Gemeindesegment von Negrar im Gebiet des Valpolicella Classica auf einer Höhe von 400 Metern über dem Meer. Die Corvina-, Rondinella- und Molinara-Trauben werden zwischen September und Oktober geerntet und dann bis Mitte Februar zum Welken auf *arele* (Bambusmatten) ausgelegt. Nach einem dreijährigen Ausbau in großen Eichenfässern entsteht ein Meisterwerk.

Der Mazzano ist weich, rein und andauernd, duftend nach Erdbeerbaum, Muskatblüte, der grünen Schale von Nüssen, Schokolade, gebeiztem Tabak, Menthol und Lakritz. Er passt zu gewichtigen Fleischgerichten. *Salute!*

Amarone della Valpolicella Classico Mazzano | Rosso DOCG |
Corvina 70%, Rondinella 25%, Molinara 5% | Masi Agricola | Via Monteleone 26 |
37015 Gargagnago di Valpolicella (VR) | Tel. 045/6832511 | www.masi.it

MASI
CANTINA PRIVATA
BOSCAINI®
Mazzano
Amarone della Valpolicella
Denominazione di Origine Controllata
Classico
Vendemmia: 2009
Alcole: 16% vol
Contenuto ml: 750 e Quantità: 14900 bott.
Messo in bottiglia da Masi Agricola S.p.A.
S.Ambrogio di Valpolicella Italia
PRODUCT OF ITALY

42_The King

Der Elvis Presley des italienischen Weines •••••

Er ist der Künstler, an dem sich viele seiner Kollegen orientieren, und er hat eine neue Denkrichtung ins Leben gerufen, die einige Konzepte konsequent bis zum Ende entwickelt. Seine Werke sind ein Hurrikan von Emotionen. Nein, wir reden nicht von Elvis, sondern von Giuseppe »Bepi« Quintarelli. Er schrieb keine Lieder, seine Kommunikationsmittel waren und bleiben die Weine. Vor seinen Flaschen möchte man niederknien und die Dichter zitieren, schrieb der große Sommelier Gino Veronelli.

Ein Schluck Amarone Quintarelli ist etwas, das die persönlichen Vorstellungen von Qualität bei jedem neu formuliert und die Bezugspunkte neu setzt. Daher sollte, wer eine Leidenschaft für Wein pflegt, sich die Verkostung wenigstens einmal im Leben nicht versagen. Der Preis ist kein Problem, denn man genießt den Wein wie das Glück am besten gemeinsam. Giuseppe »The King« Quintarelli hat die Valpolicella-Gegend, in der früher einfache Trinkweine gemacht wurden, zu einem der wertvollsten Weinanbaugebiete Italiens gemacht.

Er erfand die extremen Trocknungsprozesse, die langsame Kelterung und den langen Ausbau, er setzte auf klar erkennbare Restzucker und eindrückliche Düfte, die sich jedoch immer in eine tadellose Eleganz einfügen. Im Weinberg verlas er akkurat die besten Trauben und benutzte nur natürliche Produkte und Materialien, um die Reben anzubinden und wachsen zu lassen. Im Keller tat er das Gleiche, beginnend bei den Bambusmatten, auf denen die Trauben welken, bis hin zu den Etiketten, die er persönlich von Hand schrieb. Der King hat uns im Januar 2012 verlassen, aber seine Prinzipien leben durch seine Familie weiter, die heute das Weingut mit derselben Leidenschaft führt.

Der Amarone della Valpolicella Classico Quintarelli ist von undurchdringlicher rubinroter Farbe. Er duftet nach Pflaumen, eingelegten Kirschen, Kakao und Kaffee. Der Schluck ist überwältigend, aber elegant, niemals süßlich, trotz des Reichtums an Geschmacksnoten. *Salute!*

Amarone della Valpolicella Classico | Rosso DOC | Corvina und Corvinone 55%, Rondinella 30%, 15% a.v. | Giuseppe Quintarelli | Via Cerè 1 | 37024 Negrar VR | Tel. 045/7500016

Amarone della Valpolicella
denominazione di origine controllata
classico
2006
ottenuto da uve scelte
ed appassite secondo tradizione
imbottigliato nell'azienda
Quintarelli Giuseppe
Cerè di Negrar - Verona - Italia
℮ 750 ml
16,5% vol
contiene solfiti / contains sulphites

43_Ein Prosecco vom Könner

Die Crème de la Crème der Schaumweine aus Treviso ••

Er ist einer der bekanntesten und meistgetrunkenen Weine der Welt. Wir sprechen vom Prosecco: dem Perlwein, der aus der Glera-Traube gewonnen wird.

Den Prosecco DOC stellt man vom Veneto bis ins Friaul her, während der Conegliano Valdobbiadene Prosecco Superiore DOCG nur aus 15 Gemeinden zwischen Conegliano und Valdobbiadene stammt. Innerhalb dieses eng umrissenen Gebietes unterscheidet man die Lagen, darunter le Rive und den renommierten Superiore di Cartizze (der die beste Lage darstellt).

Selbst in dieser Gegend, wo die Preise für Weinberge schwindelerregende Werte erreichen, kann nur ein Wein zu den Grand Cru Italiens gezählt werden: der Vigna La Rivetta di Villa Sandi. Er wächst auf einem etwa einen Hektar großen Streifen Land, wo die Reben sich an steile Abhänge klammern, so tagsüber gut der Sonne ausgesetzt sind und nachts kühlere Luftströme abbekommen. Weiter unten wird die Talsohle von einem kleinen Fluss durchzogen, der als »natürlicher Süßstoff« für das Klima fungiert, während der Moränenboden aus Sand und Ton eine optimale Dränage und ein ausgewogenes Wachstum der Pflanzen garantiert. Dieser spektakuläre Weinberg ist im Besitz der Familie Moretti Polegato. Die Familie ist auch Eigentümerin der bezaubernden Villa Sandi, Sitz der gleichnamigen Kellerei, einem Gebäude im Stile von Palladio aus dem Jahr 1622. Sie bildet zwischen den grünen Hügeln der Marca Trevigiana eine einmalig schöne Bühne, wo bereits Napoleon, Antonio Canova sowie Fede & Tinto übernachtet haben.

Der Vigna La Rivetta ist der ganze Stolz des Unternehmens. Er wird nach der Marinotti-Methode (*cuve close*) hergestellt und in weiser Mäßigung als *brut* ausgebaut, sodass er die gesamte Mahlzeit begleiten kann. Er ist von strohgelber Farbe, mineralisch mit elegantem Duft und riecht nach Maiglöckchen, Glyzinie, Birne und Mandeln. Im Mund ist er ausgewogen, schmackhaft, frisch und äußerst angenehm. *Salute!*

Valdobbiadene Superiore di Cartizze Brut Vigna La Rivetta | Bianco Spumante DOCG | Glera 100% | Villa Sandi | Via Erizzo 112 | 31035 Crocetta del Montello (TV) | Tel. 0423/665033 | www.villasandi.it | info@villasandi.it

Nel cuore dei 106,8 ettari di Cartizze
Vigna La Rivetta di Villa Sandi.
La felice posizione e la ricchezza
del terreno arenario,
la cui origine risale al Miocene,
per la formazione dei profumi
e la maturazione delle uve.
201
453
202
454
204
205
Vigna La Rivetta
CARTIZZE
VILLA SANDI
750 ml e

44 Ein Schluck Meer

Die Reise beginnt •

Das ist ein Wein, der einen reisen lässt. Um genau zu sein: Wir befinden uns in Ligurien … Schon mit dem ersten Schluck werden wir auf einen grünen Abhang an der ligurischen Küste versetzt. Das tiefe Blau des Meeres und der hellblaue Himmel füllen unseren Blick, und wir spüren die Wärme der Sonne auf der Haut zusammen mit der salzigen Brise des Windes. Dann der Duft der Blumen und schließlich der Salzgeschmack des Meeres, wenn wir uns die Lippen lecken. All diese Gefühlseindrücke bei einem einzigen Glas Wein zu verspüren, ist nicht gerade alltäglich.

Das passiert einem beim Albium di Poggio dei Gorleri. Die Kellerei ist noch ganz jung und wurde erst 2003 von Giampiero Merano und seinen beiden Söhnen Davide und Matteo gegründet. Sie liegt in der sogenannten Liguria di Ponente, genauer in der Gegend von Gorleri auf einem Hügel, von wo aus man einen herrlichen Blick auf den Golfo di Diano genießt. Hier gibt es ein einzigartiges Mikroklima. Ein Streifen Land, der nach Süden hin offen ist und sich zwischen den Alpen und dem Meer erstreckt, das das Klima mildert. Die Sonne scheint etwa 3.000 Stunden im Jahr, und jeden Tag weht ein starker salzhaltiger Wind von Westen. Die Böden sind steinig, hart und trocken, aber wie stets unter erschwerten Bedingungen gelingt es der Weinrebe, ihr Bestes zu geben.

Der Albium entsteht aus Pigato-Trauben in Reinkultur, ein für diese Gegend typischer Stock, und er heißt so, weil er gleichsam »Sommersprossen« auf der Pelle der Beeren hat, die in Ligurien *pighe* heißen. Nach der Gärung im Stahlfass bleibt der Wein drei Tage mit den Schalen liegen und reift dann zwei Jahre. Er präsentiert sich mit einer reichen strohgelben Farbe, mit reinen Düften von aromatischen Kräutern, exotischen Früchten und Nüssen. Im Mund ist er reich und konsistent, mit einer unendlich frischen und mineralischen Persistenz.

Er passt ausgezeichnet zu Krustentieren oder besonderen Fischgerichten, zu Focaccia mit Recco-IGP-Käse und vor allem zu einem schönen Teller Pesto-Nudeln. *Salute!*

Riviera Ligure di Ponente Pigato Albium | Bianco DOC | Pigato 100% | Poggio dei Gorleri | Fraz. Diano Gorleri | Via San Leonardo | 18013 Diano Marina (IM) | Tel. 0183/495207 | www.poggiodeigorleri.com | info@poggiodeigorleri.com

Albium
RIVIERA LIGURE DI PONENTE
DENOMINAZIONE DI ORIGINE CONTROLLATA
Pigato
2013
POGGIO DEI GORLERI

45__Der Stolz von Parma

Der Wein der Geselligkeit •

Der Lambrusco ist der Symbolwein von Fede & Tinto, der Wein der guten Laune. Er wird in der Emilia Romagna produziert und verdankt seinen Namen der Vitis Labrusca, einem wilden Weinstock (*ruscum*), der an den Rändern der Felder wuchs (*labrum*). Neuere Studien weisen darauf hin, dass diese Sorte Rebe die einzig wirklich autochthone Italiens ist und dass alle anderen, die gemeinhin als typisch italienisch gelten, in der Antike aus Mesopotamien und Griechenland eingeführt wurden. Der Lambrusco ist ein viel geliebter, aber umso weniger verstandener Wein, sogar misshandelt, was so weit geht, dass er in den USA kommerzialisiert und in Dosen verkauft wird.

Der Erste, der an die qualitative und ökonomische Wiedergeburt des Lambruscos geglaubt hat, ist Alessandro Ceci gewesen, von den gleichnamigen Kellereien aus dem Jahr 1938. In jenen Jahren bemerkte Otello Ceci, berühmter Gastwirt der nebligen Tiefebene von Parma, dass die Kunden in seiner Trattoria nicht nur nach der erstklassigen Salami, sondern auch nach dem dunklen Lambrusco verrückt waren. Nach einigen Jahren wurde die Weinherstellung die Hauptbeschäftigung der Familie, die erst die Söhne und dann in den 90er Jahren der Enkel Alessandro erbte. Dank seiner unternehmerischen Fähigkeiten und seiner Leidenschaft ist das Image des Lambruscos wiederhergestellt, und der Wein wird von Weinliebhabern heute wieder wertgeschätzt.

Der Otello Nero di Lambrusco 1813 ist 2003 entstanden als Hommage an den Gründer des Weingutes und an die vorletzte Oper Giuseppe Verdis, des Komponisten aus der Emilia. Es handelt sich um einen »extremen« Lambrusco von tiefdunkler Farbe, purpurn mit lila Reflexen, von weicher, nahezu cremiger Struktur. Er duftet intensiv nach Granatapfel, Waldfrüchten, Veilchen, süßen Gewürzen und aromatischen Kräutern.

In wenigen Jahren ist er auf allen Märkten anerkannt worden und hat sich bei Bibenda die fünf Trauben verdient. Kühl getrunken zu fetten Tortelli, Salami und zum Parmesan, hat er keine Rivalen. *Salute!*

Otello Nero di Lambrusco 1813 | Rosso Frizzante IGT | Lambrusco Maestri 100% | Ceci | Via Provinciale 99-99A | 43056 Torrile (PR) | Tel. 0521/810252 | www.lambrusco.it | info@lambrusco.it

OSCAR DEL VINO
CANTINA
PIU' INNOVATIVA
D'ITALIA
CECI
DUEMILAVINI
ASSOCIAZIONE ITALIANA SOMMELIER
MIGLIOR LAMBRUSCO
Otello
NerodiLambrusco
CECI

46__Wiederaufstehen … von der Erde

Ein Wein, den man aus 25.000 Gründen trinken kann •

»Wenn du im Weinberg Erfolg hast, hast du auch im Leben Erfolg«, hat Vincenzo Muccioli häufig gesagt, der 1978 die Gemeinschaft/Familie von San Patrignano gegründet hat, das größte Rehabilitationszentrum in Europa für drogenabhängige Jugendliche. Hier ist der Wein nicht nur eine Leidenschaft, sondern auch ein Instrument, um die Jugendlichen ins Leben zurückzuführen.

Ein Motto, das in der Gemeinschaft überall Anwendung findet: Hergestellt werden nämlich Käse, Salami, Backwaren und handgebrautes Bier. Es gibt eine Baumschule, ein Zentrum für die Aufzucht von Rennpferden, zwei Restaurants, eine Design-Werkstatt und eine Abteilung, die sich der Kommunikation widmet. Das Ganze wird von den Jugendlichen verwaltet, die von über 400 Mitarbeitern unterstützt werden.

In 37 Jahren hat die Einrichtung über 25.000 Jugendliche aus unterschiedlichen Nationen aufgenommen, ihnen ein Zuhause geboten sowie die Möglichkeit, zur Schule zu gehen und einen Beruf zu erlernen. 72 Prozent von ihnen haben es nach einem Durchgang von vier Jahren geschafft, sich wieder in die Gesellschaft einzufügen. Die Unternehmung kann auf 110 Hektar Weinberge zählen, die biologisch bewirtschaftet werden und auf den Hügeln von Coriano liegen. Die Leitung hat der Önologe Riccardo Cotarella.

Der Sangiovese di Romagna Avi Riserva wird aus 100 Prozent Sangiovese-Trauben hergestellt. »AVI« ist die Abkürzung für die Widmung »a Vincenzo«, der die Gemeinschaft gegründet hat. Der Wein ist von rubinroter Farbe mit granatroten Reflexen. Er duftet nach Brombeeren, Pflaumen, Sauerkirschen und Gewürznelken, Pfeffer, Zimt und Veilchenblättern. Im Mund ist er samtig, frisch und anhaltend. Er passt gut zu gegrilltem Fleisch und gereiften Käsesorten. *Salute!*

Sangiovese di Romagna Superiore Avi Riserva | Rosso DOC | Sangiovese 100% | San Patrignano | Via San Patrignano 53 | 47853 Coriano (RN) | Tel. 0541/362362 | www.sanpatrignano.org | pprenna@sanpatrignano.org

avi
2011
SanPatrignano

47_Wenn der Name schon alles sagt

Wie schön ist ein Tag an der Sonne •••••

Wein herzustellen ist nie langweilig. Das weiß die Familie Antinori nur zu gut, die sich seit 600 Jahren und 26 Generationen der Kunst der Önologie widmet. Es war das Jahr 1385, als Giovanni di Piero Antinori sich in die »Arte Fiorentina dei Vinattieri« (die Florentiner Zunft der Weinmacher) einschrieb. Seit jenem Moment hat die Familie eine beispiellose Erfolgsgeschichte geschrieben, aber noch heute sind die Erben von Giovanni auf der Suche nach ständigen Verbesserungen. An diesem unbedingten Streben nach Perfektion liegt es, dass die Marke Antinori auf der ganzen Welt für herausragende Weine bekannt ist. Der Solaia ist eines der Schmuckstücke aus der Familienproduktion. Er wächst auf der Tenuta Tignanello, im Gebiet des Chianti Classico, zwischen den kleinen Dörfern Montefiridolfi und Santa Maria a Macerata. Das erste Jahr, in dem dieser berühmte (und gefeierte) Wein realisiert wurde, war 1978. Die Rebsorten waren damals 80 Prozent Cabernet Sauvignon und 20 Prozent Cabernet Franc. Der Tanningehalt dieses ersten Experiments ließ jedoch eine Reifezeit notwendig werden, die zu lang war. In den Folgejahren fügte man 20 Prozent Sangiovese hinzu und glich das Verhältnis der beiden Cabernet-Sorten aus. Um die Möglichkeiten des Sangiovese bis zum Maximum auszuloten, zögerten die Marchesi nicht, den Boden mit Stückchen von weißem Albarese-Fels anzureichern.

Zerkleinert und zwischen die Rebspaliere gestreut haben die Felsstückchen die Sonnenbestrahlung der Trauben verbessert, indem sie das Licht zurückgeworfen und das Unkraut reduziert haben. Die Trauben haben so begonnen, einen Wein mit süßeren und weicheren Tanninen zu produzieren. Der Solaia präsentiert sich in stumpfer rubinroter Farbe, riecht nach reifer roter Frucht und Gewürzen mit Anklängen von Menthol und Pfeifentabak. Auf dem Gaumen ist er überzeugend und reich, mit einem langen und angenehmen Finale. *Salute!*

Solaia | Rosso IGT | Cabernet Sauvignon 75%, Sangiovese 20%, Cabernet Franc 5% | Antinori | Via Cassia per Siena 133 | Loc. Bargino | San Casciano Val di Pesa (FI) | Tel. 055/23595 | www.antinori.it | antinori@antinori.it

2011
SOLAIA
Marchesi Antinori
Firenze
ANTINORI
2011
OLAIA
Firenze
NTINORI

48 Der ewige Wein

Die Tradition entsteht aus der Avantgarde •••••

In den ersten Jahren des 19. Jahrhunderts und in einer Gegend, in der alle einfache süße und perlende Trinkweine produzieren, experimentiert Clemente Santi mit den modernsten landwirtschaftlichen Techniken, untersucht das Terrain, die Sonnenlage, das Klima und wählt die Rebsorten aus, die am besten zum Ort passen, um Weine zu gewinnen, die sich lagern lassen und für den Export geeignet sind.

Diesen Experimenten ist es zu verdanken, dass heute ein kleines Dorf im toskanischen Inland auf der ganzen Welt für große Weine bekannt ist: Montalcino. Clemente Santi beginnt, die schönsten Trauben des Sangiovese in Reinkultur zu keltern. Er erhält so einen dunkleren, »brauneren« Wein als seine Zeitgenossen vom Dorf, die sogar weiße und rote Trauben mischen. Von der dunklen Farbe stammt der Name Brunello.

Die großartige Arbeit von Clemente wird von Enkel Ferruccio wieder aufgenommen. Er perfektioniert die Arbeitsschritte im Keller, und für seine Riserva-Weine verwendet er nur Reben, die mindestens 25 Jahre alt sind, da bei ihnen die Wurzeln Zeit hatten, in die Tiefe zu wachsen und die Essenz des Bodens an die Weine zu vermitteln. Darüber hinaus entscheidet er, dass ein Wein, um die Bezeichnung Brunello zu verdienen, wenigstens vier Jahre in großen Eichenfässern reifen und weitere sechs Monate in der Flasche lagern muss.

Im Jahr 1888 gipfelt die Arbeit von drei Generationen in einer einzigen Flasche, der Nummer 0, dem ersten Riserva di Brunello Biondi Santi. Äußerst elegant, duftend nach welken Rosen und Veilchen, nach Waldfrüchten und Schwertlilie mit würzigen und balsamischen Nuancen, ist er geeignet, die Ewigkeit zu überdauern, wenn er richtig gelagert wird.

Nach Ferruccio war Sohn Tancredi an der Reihe, dann Franco und heute Jacopo. 1999 hat die einflussreiche Zeitschrift »Wine Spectator« den Riserva von 1955 zu den zwölf besten Weinen gezählt, die im 20. Jahrhundert hergestellt wurden. *Salute!*

Brunello di Montalcino Riserva | Rosso DOCG | Sangiovese 100% |
Biondi Santi | Villa Greppo 183 | 53024 Montalcino (SI) | Tel. 0577/848087 |
www.biondisanti.it | biondisanti@biondisanti.it

RISERVA 2008
BOTTIGLIA Nº 01053
BRUNELLO DI MONTALCINO
DENOMINAZIONE DI ORIGINE CONTROLLATA E GARANTITA
BIONDI-SANTI
MARCA
PROPRIA
TENUTA "GREPPO"
Imbottigliato all'origine dal viticultore
JACOPO BIONDI SANTI
NELLA CANTINA DELLA TENUTA "GREPPO"
MONTALCINO · ITALIA

49__Man achte auf den Wolf

Ein Leben wie im Film und ein Wein wie im Märchen •••••

Gebaut, um nach den Segelschiffen der Sarazenen Ausschau zu halten und den Bewohnern der Ebene im Falle eines Angriffs Zuflucht zu bieten, ist das Castello del Terriccio heute eines der größten landwirtschaftlichen Anwesen der Toskana. Seine 1.700 Hektar erstrecken sich in der Maremma Settentrionale, zwischen Castellina Marittima und Cecina. Es wird von Gian Annibale Rossi di Medelana geführt.

Im Jahr 1961 geht Gian Annibale mit 22 Jahren ins damals frisch unabhängige Kenia, um sich mit Kühen und Kaffee zu beschäftigen. Nach einem Jahr kehrt er nach Italien zurück und wird Offizier bei den Gebirgsjägern. Er arbeitet in Australien auf Farmen, bricht dann nach Libyen auf und lässt sich schließlich in der Toskana nieder, um eines der Landgüter des Onkels zu leiten. Während dieser die Thermen von Abano genießt, verkauft Gian Annibale ohne sein Wissen die gesamte Ziegenherde, weshalb sein Onkel ihn freundlich bittet, sich selbstständig zu machen. Er erbt Terriccio und widmet sich ihm mit Körper und Seele.

1979 zwingt ihn ein Reitunfall in den Rollstuhl, aber er gibt sich nicht geschlagen. Mit einem Jeep kümmert er sich um die Felder, züchtet Rennpferde und beginnt, Wein von großer Qualität herzustellen. In der Heimat des Sangiovese setzt er auf internationale Rebsorten. Er hat den richtigen Riecher, das Terroir hilft ihm, und die ersten Anerkennungen lassen nicht lange auf sich warten.

Das Meisterwerk ist der Lupicaia. Sein Name stammt von dem gleichnamigen Hügel, wo die Weinberge liegen und wo sich manchmal Wölfe beobachten lassen. Er ist ein körperreicher Rotwein. Von granatroter Farbe, duftet er nach Rosen, Johannisbeere, Gewürzen und Lakritz. Im Mund treffen sich Weichheit und Schmackhaftigkeit und finden ein Gleichgewicht, um eine beeindruckende geschmackliche Persistenz zu hinterlassen. Der Wein passt zu roten Fleischsorten vom Grill, Pilzgerichten und reifen Käsesorten. Er eignet sich ausgezeichnet zur Alterung. *Salute!*

Lupicaia | Rosso IGT | Cabernet Sauvignon 85%, Merlot 10%, Petit Verdot 5% | Castello del Terriccio | Via Bagnoli 16 | Loc. Terriccio | 56040 Castellina Marittima (PI) | Tel. 050/699709 | www.terriccio.com | info@terriccio.it

Lupicaia
2009
G.A. Rossi di Medelana
CASTELLINA M. MA (PI) - ITALIA

50_Der Apparita … ist untrüglich

Die Kunst des Weines •••••

Ama ist ein winziges 1.000 Jahre altes Dorf, das sich an die Hänge bei Siena schmiegt und schon immer für seinen Wein berühmt war. Heute ist es das Herz des Weingutes Castello di Ama. Das 1972 gegründete Unternehmen ist nicht nur für die Qualität seiner Weine, sondern auch für die Zusammenarbeit mit zeitgenössischen Künstlern bekannt.

Seit 2000 gibt es das Projekt »Castello di Ama per l'Arte Contemporanea« (Castello di Ama für Zeitgenössische Kunst), das zu zahlreichen Installationen auf dem Gelände des Gutes geführt hat, das heute als ein Freilichtmuseum betrachtet werden kann. In der Dorfkapelle aus dem 18. Jahrhundert kann man »Confession of Zero« bewundern, zwei spiegelnde Kegel, deren Spitzen sich um wenige Millimeter nie berühren werden. Das Werk stammt von Hiroshi Sugimoto, der es geschaffen hat, um das Konzept der »Null« zu feiern, einer Ziffer, die das Ganze beinhaltet. Weitere beteiligte Künstler sind Michelangelo Pistoletto, Daniel Buren, Giulio Paolini, Kendell Geers, Anish Kapoor, Chen Zhen, Cristina Iglesias, Louise Bourgeois, Ilya und Emilia Kabakov, Pascale Marthine Tayou sowie Peppe Genna.

Abgesehen von seinen unnachahmlichen Chianti-Weinen ist Castello di Ama auch Schöpfer des L'Apparita, der aus reinen Merlot-Trauben gemacht wird. Er stammt von einem dreieinhalb Hektar großen Weinberg, der zwischen 1982 und 1985 anstelle der ortsüblichen Rebsorten Canaiolo und Malvasia Bianca gepflanzt wurde. Nach der Gärung und einer langen Mazeration auf den Traubenschalen (vier Wochen) reift der Wein 18 Monate lang in Barrique-Fässern, die Hälfte davon in erstmals verwendeten Fässern. Daraus geht er in dunkler rubinroter Farbe hervor, mit eleganten Düften von Veilchen, Brombeere, Rose, Kirsche und Blutorange, mit Anklängen an feuchte Erde, Lakritz und Tabak. Im Mund hat er einen exzellenten Körper, Gleichgewicht und Persistenz. *Salute!*

L'Apparita | Rosso IGT | Merlot 100% | Castello di Ama | Loc. Ama in Chianti | Fraz. Lecchi in Chianti | 53013 Gaiole in Chianti (SI) | Tel. 0577/746031 | www.castellodiama.com | info@castellodiama.com

TOSCANA
2010
L' APPARITA
CASTELLO DI AMA
Integralmente prodotto e imbottigliato da
Castello di Ama s.r.l. Società Agricola Gaiole in C. - Italia
CONTIENE SOLFITI - PRODOTTO IN ITALIA
L' APPARITA
CASTELLO DI AMA

51__Wie ein Uhrwerk

Das Herz der Toskana in einem Schluck •••

Wir befinden uns mitten im Herzen des italienischen Weines, genauer gesagt im Gebiet des Chianti Classico, in dem befestigten Dorf Volpaia. Das Kastell geht auf das 10. Jahrhundert zurück und erhebt sich auf einem Bergrücken, der zwei kleine Täler voneinander trennt. Im Herzen ist Volpaia immer »violett« geblieben, ein wenig wegen der Neigung der Stadt zu Dante, ein wenig, weil die Wirtschaft dieses Ortes schon immer auf der Weinherstellung beruhte.

Die alten Kellereien verlaufen auch heute noch entlang der unterirdischen Geschosse der wichtigsten Gebäude des Stadtkerns und sind alle untereinander durch ein sogenanntes »*vinodotto*« (»Vinodukt«) verbunden. Ein anderes Detail, das dieses winzige Dorf in der Welt berühmt gemacht hat, sind die Uhren, Himmelsgloben und die von den della Volpaia hergestellten Astrolabien, unter ihnen die Planetenuhr des Palazzo Vecchio. Heute wird das Kastell von der Familie Stianti bewohnt, die exzellente Weine, Olivenöl, Essig und Grappa produziert.

Der Coltassala entstand als Supertuscan, und seit 1998, als die DOCG-Vorschrift erlaubt hat, Chianti Classico aus 100 Prozent Sangiovese-Trauben zu produzieren, ist er von der internationalen Presse als ein Chianti Classico, der Maßstäbe setzt, anerkannt worden. Die Trauben werden per Hand geerntet, in Körben von 15 bis 20 Kilogramm gesammelt, von ihren Stängeln befreit und schonend gepresst. Die Gärung geschieht mittels eigener autochthoner Hefen, und der Wein wird anschließend über etwa 18 Monate in Eichen-Barrique-Fässern ausgebaut. Er präsentiert sich in intensiver rubinroter Farbe, mit Düften von Vanille, Kakao und eingelegten roten Früchten. Er ist ein Wein von großer Struktur und Eleganz, seine Qualitäten bemerkt man beim ersten Schluck. Er ist seidig, sehr ausgewogen und übersteht eine lange Lagerung. Er passt perfekt zu einem klassischen toskanischen Essen, von den Crostini über Fegatini bis zur Ciccia alla griglia, von der Finocchiona bis zur Ribollita. *Salute!*

Chianti Classico Coltassala Riserva | Rosso DOCG | 95% Sangiovese, 5% Mammolo | Castello di Volpaia | Loc. Volpaia | 53017 | Radda in Chianti (SI) | Tel. 0577/738066 | www.volpaia.it | info@volpaia.com

CHIANTI CLASSICO
DAL 1716
DOCG
Denominazione di Origine Controllata
VOLPAIA
Coltassala 2011

52__Ein Klassiker

Eine Geschichte von Hähnen – und Hühnern ••

Im Mittelalter befanden sich die Republiken Florenz und Siena im Streit, um ihre jeweiligen Besitztümer auszudehnen, und das Chianti-Gebiet befand sich genau im Zentrum der Auseinandersetzung. Eine Legende erzählt, dass die beiden Städte, die von den Schlachten genug hatten, beschlossen, die Sache ein für alle Mal zu klären, und zwar mit einem Wettlauf zwischen zwei Reitern, die bei Sonnenaufgang von ihrer jeweiligen Stadt aufbrechen und die Grenze an dem Punkt ihres Zusammentreffens festlegen sollten. Da es damals noch keine Wecker gab, wurde entschieden, dass das Signal zum Aufbruch der Hahnenschrei sein sollte.

Die Sieneser wählten einen weißen Hahn aus und stopften ihn mit Futter voll, überzeugt, dass er am nächsten Morgen so laut wie nie schreien würde, während die Florentiner einen schwarzen Hahn wählten und ihn auf Diät setzten. Am nächsten Morgen begann der florentinische Hahn, aufgeweckt vom Rumoren seines Magens, lange vor Sonnenaufgang zu schreien, während der sienesische immer noch satt und glücklich schlief. So brach der florentinische Reiter mit großem Vorsprung auf und gelangte bis zwölf Kilometer vor die Mauern von Siena. Das mag nur eine Legende sein, doch sicher ist, dass der Umriss des schwarzen Hahnes das Emblem der historischen Lega del Chianti ist, die seit Beginn des 14. Jahrhunderts über diese Gegend herrschte. Dasselbe Symbol wird heute vom Consorzio Vino Chianti Classico verwendet.

Das Unternehmen Fèlsina ist Teil dieses Konsortiums, und sein Rancia Riserva wird als wahres Schmuckstück betrachtet. Von intensiver rubinroter Farbe, duftet er nach Blumen und roten und schwarzen Beeren, mit Anklängen an geröstetes Brot und »echtes Leder«.

Im Mund ist er mächtig und samtig mit Nuancen von Gewürzen und Sauerkirschen. Mit dem Alter beginnt er Düfte von Humus, feuchter Erde, Kardamom, Kastanie, Chinin, Trüffel, Pfeifentabak und Maraska-Kirsche zu entwickeln. Er passt perfekt zu Aufschnitt, weißem oder rotem Fleisch, geröstet oder vom Grill, und gereiften Käsesorten. *Salute!*

Chianti Classico Rancia Riserva | Rosso DOCG | Sangiovese 100% | Fèlsina | Via del Chianti 101 | 53019 Castelnuovo Berardenga (SI) |Tel. 0577/355117 | www.Felsina.it | info@Felsina.it

FÈLSINA
Berardenga
2011
RANCIA
CHIANTI CLASSICO
RISERVA
Denominazione di Origine Controllata e Garantita
Fèlsina - Castelnuovo Berardenga - Siena - Italia

53_Der Junge aus der Stadt

Vom Manager in Mailand zum Winzer in der Maremma •••

Die Geschichte des Grattamacco beginnt 1977, als Piermario Meletti Cavallari, ein Manager aus Mailand, auf die wilden Hügel zwischen Bolgheri und Castagneto Carducci zieht. Er richtet ein altes Bauernhaus her, bessert den Boden auf, pflanzt die ersten Weinreben und organisiert die Kellerei. 1982 füllt er die ersten Weine in Flaschen.

Vor seiner Ankunft kannte man in dieser Gegend nur das Rezept aus Bordeaux (Cabernet und Merlot), wehe, man fügte diesen Trauben den »mageren« Sangiovese bei! Die so begehrte Weichheit der Supertuscans hätte sicher darunter gelitten. Piermario jedoch weiß, dass die noble toskanische Rebsorte seinem Wein eine größere Langlebigkeit bescheren wird, und hat den Mut zur Innovation. So entsteht der Bolgheri Superiore Grattamacco Rosso, seit Jahren in der Welt geschätzt wegen seiner Qualität, die stets sehr hoch ist. Nicht einmal der Wechsel an der Spitze der Geschäftsleitung 2002 hat den Ruf beeinträchtigt. Das ist das Verdienst der Neuankömmlinge, der Italo-Schweizer Geschwister Maria Iris und Claudio Tipa, die Vujadin Boskovs Weisheit »Man wechselt keine Gewinnermannschaft aus« angewandt und es verstanden haben, dem Leben in Castagneto Carducci einen weiteren Impuls zu geben.

Das Landgut Grattamacco befindet sich auf der sanften Anhöhe zwischen dem Tyrrhenischen Meer und der Riserva Naturale di Caselli. Die Weinberge des Anwesens sind komplett von einem Waldgebiet von 1.600 Hektar umgeben, das sie vor der Zivilisation schützt und ein Mikroklima mit einer einzigartigen Biodiversität schafft. Darüber hinaus befinden sie sich in einer natürlichen Senke, die sie vor den Winden vom Meer abschirmt. Der Grattamacco ist ein konsistenter und komplexer Wein, von kompakter rubinroter Farbe und duftet nach kleinen, reifen roten Früchten, dunklen Gewürzen und Grafit, wozu sich Gerüche von Balsam und mediterraner Macchia gesellen. Im Mund sind Körper und Weichheit von der Säure gut ausgeglichen, er besitzt Anklänge an Mineralien und seidenweiche Tannine. *Salute!*

Bolgheri Superiore Grattamacco Rosso | Rosso DOC | Cabernet Sauvignon 65%, Merlot 20%, Sangiovese 15% | Grattamacco | Loc. Lungagnano 129 | 57022 Castagneto Carducci (LI) | Tel. 0565/765069 | www.collemassari.it

2011
Grattamacco
BOLGHERI SUPERIORE
DENOMINAZIONE DI ORIGINE CONTROLLATA
Imbottigliato all'origine
da Collemassari Spa - Società Agricola
nel Podere Grattamacco
Castagneto Carducci, Italia
Product of Italy

54__Die Eleganz des Brunello

Ein Riserva, der immer gewinnt •••••

Das Weingut Poggio di Sotto wurde 1989 von Piero Palmucci gegründet. Es befindet sich wenige Kilometer von Castelnuovo dell'Abate und von der betörenden Abbazia di Sant'Antimo entfernt.

Die Reben wachsen auf dem südöstlichen Hang des Hügels von Montalcino. Es handelt sich um ein Terroir, das für die Kultivierung des Sangiovese besonders gut geeignet ist. Der Sangiovese entfaltet in diesem Teil Italiens eine Eleganz sondergleichen. Beschützt von dem Monte Amiata auf der einen Seite, auf der anderen den Meeresbrisen ausgesetzt, genießen die Trauben hier ein perfektes Mikroklima. Hinzu kommen die großen Temperaturunterschiede zwischen Tag und Nacht, die selbst mitten im Sommer bestehen. Die Böden sind die vom Sangiovese bevorzugten: Reich an Kies und Steinen, bestehen sie hauptsächlich aus Galestro-Boden, einem Kalkmergelboden.

Seit 2011 ist das Unternehmen Teil der »All Stars«-Vereinigung Colle Massari, die auch die gleichnamige Kellerei von Montecucco und Grattamacco aus Bolgheri umfasst.

Der Brunello di Montalcino Riserva ist ein Schmuckstück von Poggio di Sotto. Man gewinnt ihn, indem man jedes Jahr das beste Fass aus der gesamten Kellerei auswählt. Die Trauben werden vorher mehrmals ausgelesen, während und nach der Weinernte (der Ertrag beträgt lediglich 30 bis 35 Doppelzentner pro Hektar), dann werden sie in Holzbottichen mit Hilfe der einheimischen Hefen vergoren. Nach einer Ausbauzeit von fünf Jahren in großen Eichenholzfässern und weiteren zwölf Monaten in der Flasche ist der Wein fertig für den Verkauf.

Er hat eine granatrote, leuchtende Farbe, duftet nach dunkler Frucht, Pot-Pourri und Schwarztee mit einer Note von Gewürzen, Torf, Kaffee und Lakritz. Der Schluck ist straff und blutähnlich mit bemerkenswerter Schmackhaftigkeit. Der Wein hinterlässt einen langen Geschmack mit balsamischen Erinnerungen. Er passt sehr gut zu Schmorbraten oder Fleisch vom Grill. *Salute!*

Brunello di Montalcino Riserva | Rosso DOCG | Sangiovese 100% | Poggio di Sotto | Loc. Castelnuovo dell'Abate | 53024 Montalcino (SI) | Tel. 0577/835502 | www.collemassari.it | info@poggiodisotto.it

Poggio di Sotto
Riserva 2008
Castelnuovo dell'Abate
Montalcino Italia
BRUNELLO DI MONTALCINO
Denominazione di Origine Controllata e Garantita
Imbottigliato all'origine da
Collemassari Spa Società Agricola nella Tenuta
Poggio di Sotto
750 ml.℮
Prodotto in Italia
14% vol.

55__Asinone!

Das ist keine Beleidigung, sondern ein Ratschlag •••

Wir sind in Montepulciano, mitten im ursprünglichen Gebiet der Etrusker auf 605 Metern über dem Meer, zwischen dem Valdichiana und dem Val d'Orcia. Hier treibt die Familie Carletti seit 50 Jahren die Herstellung exzellenter Weine voran. Poliziana ist der Name der Kellerei, die Dino Carletti Anfang der 70er Jahre gegründet hat, der Vater von Federico (dem heutigen Besitzer). Der Name bedeutet nicht nur »vom Mons Politianus stammend« (das ist der antike Name des Ortes), sondern stellt auch eine Hommage an den Dichter Agnolo Ambrogini aus Montepulciano dar, der »Poliziano« genannt wurde.

Seit 1978 produziert die Kellerei Vino Nobile di Montepulciano, doch erst 1983 entscheidet Federico, eine Auslese der besten Trauben vorzunehmen. Eine geringere Menge führt zu höherer Qualität. So entsteht der Asinone - in jenen Jahren eine der ersten Lagen der Toskana, die auch außerhalb Italiens wertgeschätzt wurde.

Der Weinberg Asinone (so genannt, weil die Form des Landstücks dem Rücken eines Esels – *asino* – ähnelt) erfreut sich frischer Temperaturen und einer guten Sonneneinstrahlung. Was den Weinberg einmalig macht, ist die besondere Variante des Prugnolo Gentile. Sie zeichnet sich durch kleine Beeren aus, die eine starke Schale von violetter Farbe haben.

Aus diesen Trauben entsteht der Vino Nobile di Montepulciano Asinone. Nur wenn es die klimatische Entwicklung des Jahres erfordert, werden zehn Prozent Colorino und Merlot hinzugefügt. Nach einer Reifedauer von 18 Monaten in neuen Barrique-Fässern erhält man einen Nektar von konsistenter rubinroter Farbe, mit einem Bouquet, das wie eine Umarmung wirkt. Der Wein ist reich an Geschmacksnoten wie Sauerkirsche oder Kirschmarmelade, mit wilden Anklängen von Pilzen, Nelken, Lakritz und zum Abschluss von frischem Tabak. Robust, mächtig, mit seidigen Tanninen und einer Spur Säure. Wunderbar mit einem Steak alla Fiorentina. *Salute!*

Vino Nobile di Montepulciano Asinone | Rosso DOCG | Sangiovese 90%, manchmal weitere 10% | Poliziano | Via Fontago 1 | 53040 Montepulciano Stazione, Montepulciano (SI) | Tel. 0578/738171 | www.carlettipoliziano.com

POLIZIANO
2011
~ Asinone ~
Vino Nobile di Montepulciano
DENOMINAZIONE DI ORIGINE CONTROLLATA E GARANTITA
POLIZIANO
1454
1494
AZIENDA
AGRICOLA
POLIZIANO
2011
~ Asinone ~
Vino Nobile di Montepulciano

56 _ Weinkult

Ein Gigant der italienischen Önologie •••••

»Von Frieden reden deine Hügel zum Herzen, mit deinen Nebelschwaden und grünen Ebenen lachend unter morgendlichen Regenschauern.« So besang der Dichter Giosuè Carducci die Gegend. Was er noch nicht wusste, ist, dass dieselben Hügel nicht nur dem Herzen Frieden geben können, sondern auch den Sinnen.

So fühlt man sich nämlich, wenn man ein Glas Masseto trinkt, einen Wein, der aus einer weiteren Intuition von Ludovico Antinori im Jahr 1986 entstanden ist. Er wird ganz aus Merlot-Trauben gewonnen, die im Bolgheri-Gebiet innerhalb der Tenuta dell'Ornellaia gezogen werden. Ein anderer Supertuscan, ein weiterer Gigant des italienischen Weines.

Der Name ist derselbe wie der der Lage, den sieben Hektar, von denen die Trauben kommen. Die erste experimentelle Produktion betrug nur 800 Flaschen, heute sind es etwa 30.000. Eine schmale Ziffer, wenn man bedenkt, dass jeder Weinliebhaber den Ehrgeiz hat, eine zu besitzen. Der Masseto, der als einer der besten Merlot-basierten Weine der Welt gilt, ist stets schwierig aufzutreiben und mittlerweile ein Kultwein geworden. Das Verdienst daran tragen die sehr niedrigen Erträge pro Hektar sowie die Auslese der Trauben per Hand, jedes Mal nur wenig und auch nur dann, wenn die Reife perfekt ist. Und schließlich ist es das Verdienst sorgsamster Kellerarbeit. Ehre gebührt zuletzt dem Gebiet von Bolgheri, das noch vor 50 Jahren von keinem Weinbauer ernst genommen wurde und in kurzer Zeit Geburtsstätte einiger der wertvollsten und begehrtesten italienischen Weine geworden ist.

Was kann man von einem solchen Wein erwarten? Von rubinroter Farbe, sehr dicht und konsistent, mit unglaublicher Kraft in Struktur und Aromen, die an Pflaumen, reife Kirschen und Bitterschokolade sowie mediterrane Macchia und schließlich Tabak erinnern.

Genießen Sie ihn mit den deftigen Leckereien der toskanischen Küche: Pappardelle mit Hirschragout, rote Fleischsorten vom Holzgrill, aus dem Ofen oder geschmort. *Salute!*

Masseto | Rosso IGT | Merlot 100% | Tenuta dell'Ornellaia | Via Bolgherese 191 | Bolgheri (LI) | Tel. 0565/71811 | www.ornellaia.it | info@ornellaia.it

MASSETO
MASSETO
M
2011
TOSCANA
INDICAZIONE GEOGRAFICA TIPICA
MASSETO

57__Maremma, was für ein Wein!

Macht und Eleganz der Toskana •••••

An der Via Bolgherese, nicht weit entfernt von der wunderbaren Allee von hundertjährigen Zypressen – besungen von dem Dichter Giosué Carducci, erhebt sich die Tenuta dell'Ornellaia. Dieselbe Gegend, die einst die Wiege der etruskischen Kultur war, ist heute Heimat einiger der berühmtesten Supertuscans – Weine, die die Regeln der traditionellen Weinherstellung umgewälzt haben, die aus internationalen Rebsorten gewonnen und häufig in Barrique-Fässern ausgebaut werden.

Der Bolgheri Superiore Ornellaia gehört in diese »Kategorie« von Weinen, äußerst hoch bewertet und bei Weinliebhabern in aller Welt gefragt. Ein großer Teil des Verdienstes an diesem Erfolg ist ausschließlich dem außerordentlichen Terroir geschuldet.

Das Klima wird vom Meer gemildert, dessen Salzgeruch die Luft durchzieht und sich in den Weinen wiederfindet, zusammen mit dem Geschmack von Balsam aus der mediterranen Macchia. Die waldreichen Hügel des Binnenlandes stoppen die kalten Winterwinde. Der Boden, in dem die Rebstöcke wurzeln, ist reich an Kalk, vulkanischen Mineralien und an Schutt (nicht von den Etruskern, sondern aus Steinen und Kieseln). Das alles gibt dem Wein eine einzigartige und unnachahmliche Mineralität. Ein guter Schneider kann einen Markenanzug fälschen, aber den Ornellaia kann man wirklich nur hier produzieren.

Das Erlebnis eines Schlucks Ornellaia wird durch den Duft von reifer roter Frucht mit Vanillenoten, weichen und runden Tanninen und dem Geschmack, der lange und angenehm auf dem Gaumen bleibt, vervollständigt. Er passt zu würzigen Gerichten mit rotem Fleisch (Wild) vom Holzgrill oder aus dem Ofen, vielleicht mit Pilzen und schwarzem Trüffel gewürzt.

Der Ornellaia wurde 1998 von der einflussreichen Zeitschrift »Wine Spectator« auf den ersten Platz der 100 besten Weine der Welt gewählt – eine Anerkennung, die in den letzten 25 Jahren lediglich zwei anderen italienischen Weinen zuteilwurde. *Salute!*

Bolgheri Superiore Ornellaia | Rosso DOC | Cabernet Sauvignon 51%, Merlot 32%, Cabernet Franc 11%, Petit Verdot 6% | Tenuta dell'Ornellaia | Via Bolgherese 191 | Bolgheri (LI) | Tel. 0565/71811 | www.ornellaia.it | info@ornellaia.it

ORNELLAIA
2012
BOLGHERI
DENOMINAZIONE DI ORIGINE CONTROLLATA
SUPERIORE

58_Der Wein der Rekorde

Ein reinrassiger Bolgherese •••••

Kein Weinbauer hat vor den 50er Jahren jemals daran gedacht, in Bolgheri Weinreben zu pflanzen. Kein italienischer Önologe hatte bis dahin französische Barrique-Fässer verwendet, und kein Wein aus dem *Bel paese* ist je mit 100 von 100 Punkten von Robert Parker, dem berühmten amerikanischen Journalisten, ausgezeichnet worden.

Das könnte schon reichen, ist aber noch längst nicht alles. Der Sassicaia entsteht im Inneren einer italienischen Oase, der Oase von Bolgheri, und ist der einzige Wein landesweit, der eine eigene Denominazione di origine controllata ganz für sich hat. Deshalb wird »Sassicaia« bei der Bezeichnung des Weines zweimal genannt, einmal ist es das DOC-Gebiet und einmal der Name. Er entstand aus einer Intuition von Mario Incisa della Rocchetta, der eine weitreichende Ähnlichkeit zwischen den Böden von Bolgheri und von Graves, im Bordeaux-Gebiet, seit jeher berühmt für seine Cabernets, entdeckte.

Graves heißt »Kiesel« und hat seinen Namen wegen der vielen Steine erhalten. Dieselbe Zusammensetzung findet sich in den Böden, wo der Sassicaia wächst (in dem ja ebenfalls *sassi* steckt, was »Steine« heißt). Um die Wahrheit zu sagen, sollte am Anfang die Weinherstellung nur für den Gebrauch der Familienmitglieder sein. Die Incisa della Rocchetta wählten dieses wunderschöne Stück Land mit seinem milden Klima und der guten Belüftung, um reinrassige Pferde der Rasse Dormello-Olgiata zu züchten. Hier ist auch Ribot, das berühmteste Pferd des 20. Jahrhunderts, aufgezogen und trainiert worden.

Zum Glück gelang es dem Önologen Giacomo Tachis, die Möglichkeiten des Bodens zu erraten und den Hauswein zu verbessern. Im Jahr 1968 kam der Sassicaia auf den Markt und wurde sofort zum Mythos. Von rubinroter Farbe mit granatfarbenen Reflexen, duftet er nach wilden Früchten, Sandelholz, roter Rose und Meeresmacchia. Er passt zu Fleisch vom Holzgrill, oder man trinkt ihn allein, um alle Nuancen zu würdigen. *Salute!*

Bolgheri Sassicaia Sassicaia | Rosso DOC | Cabernet Sauvignon 85%, Cabernet Franc 15% | Tenuta San Guido | Loc. Le Capanne 27 | Bolgheri | Castagneto Carducci (LI) | Tel. 0565/762003 | www.sassicaia.com | info@sassicaia.com

MARCHESI INCISA DELLA ROCCHETTA
SASSICAIA
2012
BOLGHERI SASSICAIA
DENOMINAZIONE DI ORIGINE CONTROLLATA

59 Verdicchio … das hättest du gleich sagen können!

Ein Roter in weißem Gewand ••

Die Familie Bucci stammt aus Montecarotto und beschäftigt sich seit 1700 mit Landbau. Die Kellerei wird von Ampelio Bucci gemeinsam mit Santa, Giovanna und Maria Luisa geleitet. Bucci ist ein großer Winzer und Landwirt und hat eine Professur an der Universität von Mailand.

Das Aushängeschild des Unternehmens ist der Villa Bucci. Die Trauben, die für seine Produktion verwendet werden, stammen von Rebstöcken, die mehr als 40 Jahre alt sind und lange Wurzeln besitzen, mit denen sie alle mineralischen Bestandteile des Bodens aufnehmen und zu den Wasserreserven in tieferen Schichten gelangen können. Der Boden ist reich an Ton und Kalk. Der Ton ist eine grundlegende Komponente, weil er die Mineralien zurückhält und das Wasser aufsaugt. Der Kalk sichert die Gesundheit der Pflanzen, steuert Frische und eine großartige Struktur zu den Weißweinen bei.

Im Keller werden mehr als 20 Fässer aus slowenischer Eiche verwahrt. Diese nehmen den Wein für 18 Monate auf, lediglich um ihm einen Austausch mit dem Sauerstoff zu ermöglichen, nicht um ihm Geschmacksnoten von Holz oder Vanille zuzufügen. Die großen Fässer sind 100 Jahre alt und geben daher keinerlei Duft oder Geschmack an den Wein ab.

Der Villa Bucci ist ein Weißwein, der wie ein großer Rotwein behandelt werden muss. Man sollte ihn nie zu kalt servieren, besonders wenn man das Glück hat, einen älteren Jahrgang zu entkorken, und man tut gut daran, ihn eine halbe Stunde atmen zu lassen, bevor man ihn trinkt. Nur so lassen sich alle Aromen genießen: Susine (chinesische Pflaume), Mispel, frische Mandel, Ginster, Kamille, Thymian, Salbei, Nüsse, Honig, Gewürze und eine diffuse mineralische Note. Die Farbe ist ein intensives Gold, im Mund ist der Wein frisch, strukturiert und weich. Er passt perfekt zu Fisch, Krustentieren, Austern, aber auch zu gebratenem hellen Fleisch und zu frischem wie gereiftem Käse. *Salute!*

Castelli di Jesi Verdicchio Classico Villa Bucci Riserva | Bianco DOCG | Verdicchio 100% | Bucci | Via Cona 30 | 60010 Ostra Vetere (AN) | Tel. 071/964179 | www.villabucci.com | bucciwines@villabucci.com

DOCG
LITRI 0.750
AAA 001441
CASTELLI D
VERDICCHIO
Vintage Collection
VILLA BUCCI
Riserva 2010
Imbottigliato all'origine dai viticultori
Cantina dell'Azienda Agricola Bucci
Ostra Vetere (An) Italia
750 ml e
WHITE WINE
PRODUCT OF ITALY
ALC. 13.5% BY VOL.

60_Eine unerwartete Perle

Gern gehe ich in diesem Verdicchio unter ••
(frei nach Giacomo Leopardi)

Wir befinden uns an den Hängen der Castelli di Jesi, zwischen dem Apennin und dem Adriatischen Meer. Das ist das Reich des Verdicchio, einer Traube, die in der Lage ist, wunderbare langlebige Weine hervorzubringen. Es ist nicht leicht, einen Verdicchio als Sekt zu finden, aber das heißt nicht, dass das Unterfangen missglückt wäre. Der Ubaldo Rosi Riserva di Colonnara beweist das exakte Gegenteil und bringt uns zu der Überzeugung, dass man künftig immer mehr und immer häufiger diese Rebsorte mit ihrem unglaublichen Potenzial zu schätzen wissen wird. Colonnara ist von 19 Winzern aus den Marken unter dem Namen Cantina Sociale di Cupramontana gegründet worden. Das war im Jahr 1959. Heute ist diese Kellerei ein großes Unternehmen, hat sich aber ihren Künstlergeist bewahrt. Zum Unternehmen gehören 110 Genossenschaftler mit 120 Hektar Weinbergen, die schrittweise zu Biobetrieben umgestaltet werden.

Ihr Spitzenprodukt ist der Riserva Ubaldo Rosi, ein nach klassischer Methode versekteter Wein aus den besten Trauben des Verdicchio, aus Weinbergen in den Gemeinden Cupramontana und Apiro, die auf Böden von marinem Ursprung liegen und reich an Ton und Sand sind, etwa 500 bis 600 Meter über dem Meer.

Der Wein liegt fünf Jahre lang auf den Hefen, und während dieser Zeit werden alle Arbeitsschritte von den Mitarbeitern des Unternehmens von Hand durchgeführt. Der Wein hat eine strohgelbe Farbe mit grün-goldenen Reflexen und eine sehr feine Perlung. In der Nase wird der mineralische Eindruck von Düften von Susine (chinesischer Pflaume), kandierter Zitronatzitrone, Kiwi, Pfirsich, Honig und Brotkruste ergänzt. Der Schluck steht im Zeichen von Eleganz und dem Gleichgewicht von Frische und Weichheit. Er gibt sein Bestes zu einem Gericht mit rohen und leicht angebratenen Krabben. Er kann aber auch das gesamte Essen begleiten, ausgenommen die Süßspeisen. *Salute!*

Verdicchio dei Castelli di Jesi Brut M. C. Ubaldo Rosi Riserva | Bianco Spumante DOC | Verdicchio 100% | Colonnara | Via Mandriole 6 | 60034 Cupramontana (AN) | Tel. 0731/780273 | www.colonnara.it | info@colonnara.it

2008
BRUT METODO CLASSICO
RISERVA
UBALDO ROSI
COLONNARA

61_Adelige Tränen

Ein Wein, der den Frauen gefällt •

Enrico Giacomelli, der Graf von Buscareto, ist sicherlich kein adeliger Herr, der »die Nase hoch trägt«. Zugänglich und stets lächelnd, dabei immer mit Klasse, verkörpert er jene Werte, die uns auch bei einer Flasche Wein gefallen: Geselligkeit und Gefälligkeit.

Das Weingut wurde von Enrico und seinem Partner Claudio Gabellini zu Beginn des neuen Jahrtausends gegründet, als beide bereits Eigentümer einer IT-Firma waren. Im Jahr 2002, als Steve Jobs die Welt mit dem Design des iMac G4 verblüffte und Bill Gates die Xbox nach Europa brachte, stürzten sich Enrico und Claudio Hals über Kopf in den Wein. Zum Glück, sagen wir. In wenigen Jahren haben sie Großartiges geschaffen, und ihr Wein versüßt uns unsere häufigen Ausflüge in die Marken, zum »Festival del Brodetto« in Fano (Fest der Fischsuppe, Fano) und zur »Fiera Nazionale del Tartufo Bianco« (Nationale Messe des weißen Trüffels) von Acqualagna.

Aus den unterschiedlichen Etiketten haben wir den Compagnia della Rosa gewählt, der aus der Traube Lacrima di Morro d'Alba gemacht wird. Der Name »Lacrima« (Träne) kommt daher, dass die Beeren, wenn sie reifen, durch ihre dünne Schale süße Safttropfen ausschwitzen, die wie Tränen aussehen. Nach der Weinernte werden die Trauben in Eichenbottichen 25 Tage lang angegärt. Der Wein wird dann in kleinen Fässern über zehn Monate ausgebaut und anschließend weitere 250 Tage in der Flasche gelagert.

Das Ergebnis ist ein Nektar von würzigem und blumigem Aroma, das an den Duft von kleinen Walderdbeeren, Veilchen und welken Rosenblättern erinnert. Im Mund ist er einnehmend und weich mit einem schönen Nachgeschmack von Frucht und einer langen aromatischen Persistenz.

Es ist ein Wein, der sich gut für Fischgerichte mit deftigem Geschmack eignet, wenn sie mit Tomatensoße angereichert sind, oder zu Fleisch und Käse aus dem Hinterland der Marken passt. *Salute!*

Lacrima di Morro d'Alba Superiore Compagnia della Rosa | Rosso DOC | Lacrima Nera 100% | Conti di Buscareto | Via San Gregorio 66 | Frazione Pianello di Ostra | 60010 Ostra (AN) | Tel. 071/7988020 | www.contidibuscareto.com

CONTI DI BUSCARETO
LACRIMA DI MORRO D'ALBA SUPERIORE
DENOMINAZIONE DI ORIGINE CONTROLLATA
2008
COMPAGNIA DELLA ROSA
75 CL e
13% VOL
IMBOTTIGLIATO DA CONTI DI BUSCARETO S.R.L. ARCEVIA - ITALIA
NELLA PROPRIA CANTINA DI OSTRA (AN) Prodotto in Italia
CONTIENE SOLFITI - CONTAINS SULPHITES - CONTIENT SULFITES - CONTIENE OVOALBUMINA
WWW.CONTIDIBUSCARETO.COM

62__In welches Tal Sie auch gehen …

… Sie werden Verdicchio finden ••

Diese Kellerei ist 1966 von Casimiro Cifola, Vater von Aldo, dem derzeitigen Besitzer, gegründet worden. Der Name des Unternehmens stammt von dem Konvent, der als La Monacesca bekannt ist, gegründet von einer Gruppe Mönche aus der Abtei Farfa.

Wir befinden uns am Oberlauf des Flusses Esino. Hier hat die Kultivierung des Weinstocks eine uralte Tradition.

Es handelt sich tatsächlich um das einzige größere Tal der Marken, das entlang einer Nord-Süd-Achse verläuft. Die Weinberge des Betriebes La Monacesca, die im Zentrum eines theaterähnlichen Bergrunds liegen, erfreuen sich wesentlicher Temperaturschwankungen, sowohl während des Tages als auch durch die Saison hinweg. Die Kultivierung der Weinreben wird so schwieriger, was die Quantität betrifft, aber die mögliche Qualität der Trauben ist sehr hoch. Das liegt sicherlich auch an der Zusammensetzung des Bodens: Im Paläolithikum war diese Gegend von einem Salzsee bedeckt, und die Salzreste schenken heute den Weinen eine ausgeprägte Mineralität.

Das Sondermodell des Unternehmens ist der Mirum Riserva, der nur in den besten Jahrgängen aus den gesündesten Trauben produziert wird. Die Weintrauben lässt man leicht zwei Wochen überreif werden und presst sie dann sofort. Nach anderthalb Jahren Ausbau im Stahlfass und sechs Jahren in der Flasche entsteht ein Nektar von brillanter Goldfarbe. Der sofort jodartige Duft entwickelt später Nuancen von reifer exotischer Frucht und frischen Mandeln (das typische Aroma der Verdicchio-Traube). Im Mund ist der Mirum körperreich und voller Geschmack, frisch, schmackhaft und mit einem äußerst langen Nachgeschmack. Er passt gut zu Fischgerichten mit vielseitigen Geschmacksnoten und zu frischen Käsesorten. Der Wein kann Jahrzehnte lagern. *Salute!*

Verdicchio di Matelica Mirum Riserva | Bianco DOCG | Verdicchio 100% | Fattoria La Monacesca | Contrada Monacesca | 62024 Matelica (MC) | Tel. 0733/672641 | www.monacesca.it | info@monacesca.it

l 0.750
L. MI202
VERDICCHIO DI MATELICA
Denominazione di Origine Controllata e Garantita
RISERVA
2012

63 Historische Marken

Auf dem Podium der Weine

Die Ursprünge des ältesten Weinbauunternehmens der Marken sind mit denen des italienischen Staates verknüpft. Als man nämlich nach der Einigung Italiens den Landbesitz des Kirchenstaates konfiszierte, entstand eine neue Unternehmerklasse von Landwirten, die die Böden des päpstlichen Staates in Besitz nahmen.

Dieser *new country generation* gehörte auch Antonio Garofoli an, der sich mit der Produktion und dem Verkauf der lokalen Weine befasste. Diese Arbeit erbte sein Sohn Gioacchino, der 1901 das Weingut gründete, das heute seinen Namen trägt.

Auch die folgenden Generationen setzten die Tradition fort und betätigten sich in der Leitung des Unternehmens. Sie gaben dabei allerdings eher den Traktorsitz als den Sessel weiter. Heute sind wir bei der fünften Generation angekommen, und der Verdicchio Garofoli gehört zu den besten Weißweinen Italiens. Trotz der zwei Millionen Flaschen jährlich ist die Qualität immer sehr hoch, vor allem beim Podium (der Name garantiert die Goldmedaille).

Er wird aus Trauben hergestellt, die kurz nach ihrer Reife geerntet werden, von einem fast 20 Jahre alten Weinberg in Montecarotto. Ein prächtiges natürliches Amphitheater mit sandigen und kalkreichen Böden. Er wird in Stahlfässern gekeltert und ausgebaut, um so gut wie möglich das Terroir zu spiegeln, von dem er kommt, was ihm Ausgeglichenheit, Fülle und aromatische Finesse verleiht.

Der Wein hat eine schöne gelbgoldene Farbe mit grünen Farbtupfern, er duftet nach gelber, reifer Frucht und hat ein Finale von frischer Mandel, Ginsterblüten, Kamille, Holunder und aromatischen Kräutern. Im Mund ist er elegant, weich und persistent. Seine besondere Struktur macht ihn zu einem Wein mit großem Alterungspotenzial. Er passt perfekt zu Fisch *in potacchio* (mit Gemüse in einer Auflaufform geschmort), zu Krustentieren und hellem Fleisch, vor allem, wenn es mit aromatischen Kräutern gegart ist. *Salute!*

Verdicchio dei Castelli di Jesi Classico Superiore Podium | Bianco DOC | Verdicchio 100% | Garofoli | Via Carlo Marx 123 | 60022 Castelfidardo (AN) | Tel. 071/7820162 | www.garofolivini.it | mail@garofolivini.it

PODIUM
2013
GAROFOLI
CASA FONDATA NEL 1901

64__Kurni, was für ein Wein!

Eine visionäre Liebe … ••••

Dieses Weinbauunternehmen mit angeschlossenen Ferienwohnungen (*agriturismo*) ist ein wahres Paradies. Es befindet sich etwa drei Kilometer im Hinterland von Cupra Marittima, einem kleinen Ort am Meer in der Provinz Ascoli Piceno, im Süden der Marken.

Es wird von Marco Casolanetti geleitet, einem visionären Winzer, und von Eleonora Rossi, einer brillanten Köchin und Gehilfin im Weinberg. Ihre Liebe entstand an der Universität. Die gemeinsame Leidenschaft für das Land, die Kunst, die Küche und den Wein hat sie dann nach Sant'Egidio gebracht, um die Weinberge ihrer Eltern zu bearbeiten.

Zusammen mit Eleonoras Eltern eröffnen sie eine Gaststätte mit 30 Plätzen. Im Keller keltern sie die Trauben der antiken Reben Cannonau und Montepulciano, woraus wenige tausend Flaschen und lediglich zwei Etiketten entstehen. Im Weinberg wird der Ertrag so gering wie möglich gehalten (2 Tonnen pro Hektar), und es wird auf alle künstlichen Produkte verzichtet, die stattdessen durch Mischungen auf der Basis von Propolis, Algen, Soja-Lecithin oder Milchprodukten ersetzt werden. Im Keller lässt man den Wein mit autochthonen Hefen gären, ohne die Temperatur zu kontrollieren.

Der Kurni ist ein reiner Montepulciano, der zwölf Monate in neuen Barrique-Fässern gereift ist und weitere 300 Tage in anderen neuen Fässern. Das Ergebnis ist überwältigend: ein Wein von undurchsichtiger rubinroter Farbe, mit unzähligen Düften, die von Rosen bis Sauerkirschen, von Pflaumen bis Schattenmorellen sowie Vanille, Zimt, Lakritz und Tabak reichen. Jedes Mal wenn man nippt, entdeckt man eine neue Nuance. Auf dem Gaumen ist er warm, weich, von großer Struktur, bestimmt und persistent. Das Holz ist trotz der beiden Ausbauschritte in neuen Fässern keineswegs dominant, ein Zeichen für Marcos große Sorgfalt.

Schade, dass nur so wenige Flaschen verfügbar sind, etwa 7.000 jede Saison. *Salute!*

Kurni | Rosso IGT | Montepulciano 100% | Oasi degli Angeli | C.da S. Egidio 50 | 63064 Cupra Marittima (AP) | Tel. 0735/778569 | www.kurni.it | info@kurni.it

Kurni
2013
MARCHE
INDICAZIONE GEOGRAFICA TIPICA
ROSSO
RED WINE
IMBOTTIGLIATO ALL'ORIGINE DA
ESTATE BOTTLED BY
AZIENDA AGRICOLA OASI DEGLI ANGELI®
CUPRA MARITTIMA - ITALIA

65 Eine einzige große Rebe

Die noble Seite des Verdicchio ••

Auf der Tenuta Sartarelli stellt man lediglich das Olivenöl nicht aus Verdicchio her. Donatella und Patrizio kultivieren einzig diese Rebsorte aus den Marken, keltern sie in Stahlfässern und bauen den Wein ausschließlich in Flaschen aus. Als ob sie sagen wollten: »Der große Verdicchio benötigt gar nichts außer der richtigen Pflege im Weinberg.« Unmöglich, ihnen zu widersprechen, nachdem man einmal ihre Produkte genossen hat, drei Weine, die sich lediglich durch die Lage und den Zeitpunkt der Lese unterscheiden (September, Oktober und November), und ein Sekt nach klassischem Verfahren sowie ein süßer Wein und ein Grappa. Die Kellerei befindet sich in Poggio San Marcello, einem kleinen Dorf mit 700 Seelen. Die Weinberge erstrecken sich über die Gebiete Coste del Molino, Tralivio und Balciana. Das Mikroklima der letztgenannten Lage bietet Raum für morgendliche Nebel und erlaubt die Entwicklung von edlem Schimmel (der berühmten Grauschimmelfäule, *Botrytis cinerea*).

Im Jahr 1994 wurde die erste späte Lese gekeltert, und zwar als trockene Variante und nicht süß. 1998 folgten weitere Experimente mit dem Eintritt in die Kellerei des Önologen und Direktors des IMT (Istituto Marchigiano Tutela Vini) Alberto Mazzoni, ausgewiesener Experte des Verdicchio. Schließlich gelangte man zu dem heutigen wunderbaren Ergebnis. Die Erträge der Weinberge sind niedrig, zwischen 40 und 90 Doppelzentner auf neun Hektar, und die Lese findet im November statt. So erhält man einen langlebigen Weißwein, körperreich und aromatisch, aber dennoch sehr frisch und mineralisch. Von strohgelber Farbe, duftet er nach gelben, welken Blumen, Kamille, Linde und Ginster mit honigartigen Tönen, nach hellem Pfirsich, reifer Pampelmuse und Limette auf einem mineralischen Hintergrund. Er passt perfekt zu den typischen Fischsuppen der Marken und ihrer Küste, zu schmackhaften Krustentieren und Mollusken oder zu hellen Fleischsorten. Wenn Sie sich einige Jahre zurückhalten können, haben Sie einen Wein, der einzigartige Sinneseindrücke zu schenken vermag. *Salute!*

Verdicchio dei Castelli di Jesi Classico Superiore Balciana | Bianco DOC | Verdicchio 100% | Sartarelli | Via Coste del Molino 24 | 60030 Poggio San Marcello (AN) | Tel. 0731/89732 | www.sartarelli.it | info@sartarelli.it

SARTARELLI
Balciana

66__Wein, poetisch

»Als Ascoli schon Ascoli war, war Rom noch eine Schafweide.« ••

Angela Velenosi ist eine entschlossene und hartnäckige Frau in der Welt des Weines. Zusammen mit ihrem Mann Ercole hat sie 1984 ihr Weingut in Ascoli Piceno gegründet. Ein relativ junges Unternehmen also, das aber eine Blitzkarriere hingelegt hat und sich mit der Qualität seiner Weine in Italien und im Ausland bekannt zu machen wusste.

Die Weinberge liegen verstreut in den besten Gebieten des Tronto-Tals. Das Unternehmen besitzt auch einen Weinberg in San Marcello, nahe bei Ancona, sowie einen anderen in den Abruzzen, in Ancarano auf den Colline Teramane. Diese Diversifizierung durch die einzelnen Lagen, jede mit einem eigenen Mikroklima, erlaubt Angela und Ercole, eine große Bandbreite von Weinen herzustellen.

Der Roggio del Filare ist einer der Champions des Unternehmens. Der Ausdruck »Roggio« ist ein Neologismus und bezeichnet den Sonnenstrahl (*raggio*), der zwischen den Rebreihen hindurchscheint und die Blätter der Weinstöcke beleuchtet. Ein poetisches und anspielungsreiches Bild, entspannend und angenehm genau wie ein Schluck dieses Weines, der aus Montepulciano-Trauben und 30 Prozent Sangiovese gewonnen wird. Es scheint, als seien auch noch fünf Prozent einer geheimen Rebsorte dabei, die Angela nicht preisgibt. Beim Wein wie in der Liebe erhöht ein kleines Geheimnis die Faszination …

Der Wein reift 18 Monate lang in neuen Barrique-Fässern und zeigt sich in undurchsichtiger rubinroter Farbe. Das Bouquet erinnert an Maraska-Kirschen, Heidelbeeren, Veilchen und mediterrane aromatische Kräuter mit Anklängen von Lakritz, Gewürznelken, Zimt, Kakao und Tabak. Die Ausgeglichenheit von Weichheit und Frische, die seidigen Tannine und das schmackhafte und lange Finale vervollständigen den Charakter dieses wunderbaren Markenweines der Extraklasse. Er passt zu gegrilltem Wild oder Fleischspießen mit Pilzen und schwarzem Trüffel. *Salute!*

Rosso Piceno Superiore Roggio del Filare | Rosso DOC | Montepulciano 70%, Sangiovese 30% | Velenosi | Via dei Biancospini 11 | 63100 Ascoli Piceno | Tel. 0736/341218 | www.velenosivini.com | info@velenosivini.com

ROGGIO
DEL FILARE
AZIENDA VITIVINICOLA
VE
VELENOSI

67__Du wirst schon sehen, es ist ein Caprai

Der Wein der Falken ••••

Dieser Wein führt uns nach Montefalco ins mittelalterliche Umbrien, in die Berge, deren Felsspitzen mit Wäldern, Kastellen und Konventen bedeckt sind. Einst bekannt als Cors Coronae, wurde das Dorf Mitte des 13. Jahrhunderts von Friedrich Barbarossa umgetauft, der dort während seines Aufenthalts eine hohe Zahl von Falken bemerkte. Heute ist der Bestand dieser Tiere zurückgegangen, und Montefalco ist in der Welt eher für seinen Sagrantino bekannt. Sagrantino ist ein Rotwein, den man auf den Hügeln und um die mittelalterliche Stadtmauer anbaut.

Ein unterhaltsamer Weg, das Land und seinen Wein kennenzulernen, ist die Teilnahme am Fest der Mangialonga del Sagrantino. Die Ursprünge der Rebsorte Sagrantino, die heute als umbrisch angesehen wird, sind unbekannt. Man vermutet, dass sie im Mittelalter von Mönchen aus Griechenland eingeführt wurde und dass ihr Name von der religiösen Funktion stammt, die der Wein während der Messe hatte, oder auch von dem Wort »Sakristei«.

Eine der Kellereien, die am meisten zur Bekanntheit des Sagrantino von Montefalco beigetragen haben, ist die Arnaldo Caprai bei Torre di Montefalco. Der Sagrantino 25 anni gehört sicher zu den herausragendsten des Unternehmens Caprai. Erstmals produziert, um das 25-jährige Jubiläum der Kellerei zu feiern, ist er ein Muss für die Liebhaber dieser Art von Wein geworden.

Ein mächtiger und eleganter Wein mit großer Persönlichkeit. Er ist von rubinroter Farbe, dunkel und undurchdringlich. Er duftet nach Pflaumen und Brombeeren mit Anklängen von Veilchen, Minze, Rhabarber und Chinin. Im Mund ist er rund, weit und weich. Er hinterlässt eine lange und angenehme Spur nach Geröstetem. Obwohl man ihn auch jung genießen kann, erreicht dieser Wein seinen höchsten Glanz im Alter von zehn bis 15 Jahren. Er passt zu einem großen Grillteller. *Salute!*

Montefalco Sagrantino 25 Anni | Rosso DOCG | Sagrantino 100% | Arnaldo Caprai | Loc. Torre | 06036 Montefalco PG | Tel. 0742/378802 | www.arnaldocaprai.it | info@arnaldocaprai.it

ARNALDO
CAPRAI
LITRI 0.750
AAA 05321337
25
2010
MONTEFALCO SAGRANTINO
DENOMINAZIONE DI ORIGINE CONTROLLATA E GARANTITA
ARNALDO-CAPRAI

68 Die Verwandtschaft, diese Schlangenbrut

Die Familie des toskanischen Weines triumphiert in Umbrien ••

In den 40er Jahren entschieden sich die Marchesi Antinori, in Umbrien zu investieren, um Weißweine von Qualität herzustellen. Daher kaufte die historische Dynastie des toskanischen Weines ein zweites Weingut in der Nähe von Orvieto. Natürlich gaben sie sich nicht mit einem Landhaus zufrieden, ihre Aufmerksamkeit fiel auf das Castello della Sala, eine symbolträchtige Festung aus dem Mittelalter. Sie wurde Mitte des 14. Jahrhunderts von Angelo Monaldeschi della Vipera gebaut. Die Mitglieder seiner Familie befanden sich einer gegen den anderen im Krieg, um die Kontrolle über Orvieto zu erlangen. Jeder schuf sich schließlich seinen eigenen Feudalklan und gab ihm einen eigenen Namen: Der ältere nannte sich della Cervara (Hirsch), ein anderer del Cane (Hund), der Dritte dell'Aquila (Adler) und Angelo della Vipera (Viper).

Das Gut befindet sich auf der Spitze eines Vorgebirges zwischen dem Fluss Paglia und dem Monte Nibbio. Die Weine gedeihen auf 140 Hektar Rebland mit tonhaltigem Boden, der reich an Fossilien und Mineralien ist. Die angebauten Sorten sind vor allem Chardonnay, Sauvignon, Procanico und Grecchetto. Der Cervaro della Sala entstand 1985, genau 600 Jahre, nachdem Piero Antinori in die Arte dei Vinattieri Fiorentini eingetreten.

Der Name stammt tatsächlich von der Eigentümerfamilie des Kastells im 14. Jahrhundert: den Monaldeschi della Cervara. Man stellt ihn aus Chardonnay-Trauben und zehn Prozent Grechetto her. Er verbringt sechs Monate in Barrique-Fässern und zehn in der Flasche. Am Ende ist er von einem leuchtenden Gelb mit goldenen Reflexen, duftet nach tropischer Frucht, Zitrusfrüchten, Ginster, Linde, Kamille und Nuss. Im Mund ist er elegant, weich, frisch und mineralisch. Er passt gut zu Fisch, Krustentieren und Pasta mit Ei und Ragout in weißer Soße. Er kann ohne Weiteres zehn Jahre lagern. *Salute!*

Cervaro della Sala | Bianco IGT | Chardonnay 90%, Grechetto 10% | Castello della Sala | Loc. Sala | 05016 Ficulle (TR) | Tel. 0763/86127 | www.antinori.it | castellodellasala@antinori.it

CERVARO
della Sala
2013
Castello della Sala
Marchesi
ANTINORI

69__Der Wein ist Kultur

Lungarotti docet ••

Die Welt des italienischen Weines verdankt der Familie Lungarotti viel, weil sie wie wenige andere dazu beigetragen hat, diesen Trank bekannt zu machen und eine Kultur um ihn herum zu erschaffen. Giorgio Lungarotti war der Erste, der sich engagierte, die DOC-Gebiete Torgiano und Montefalco als solche anerkennen zu lassen, die heute sogar DOCG-Gebiete sind und als die beiden wichtigsten Weinanbaugebiete Umbriens gelten.

Hinter jedem großen Mann jedoch steht immer eine große Frau. In diesem Fall befindet sich an Giorgios Seite stets Maria Grazia, die 1974 nach gewissenhafter wissenschaftlicher Recherche in Torgiano das MUVIT (Museo del Vino Torgiano) und 2000 das MOO (Museo dell'Olivo e dell'Olio) gegründet hat. Im Bereich der Museumskunde sind sie *case history* geworden und unbedingt eine Reise wert. Zu erwähnen ist auch die Fondazione Lungarotti, die seit 1987 Veranstaltungen organisiert, um die Geschichte und den Wert des Weines zu vermitteln. Heute werden die Kellereien von den Töchtern Chiara und Teresa geleitet, wobei die Erste bereits Präsidentin des Movimento Turismo del Vino ist und die andere Gründerin der Vereinigung Le Donne del Vino.

Der Torgiano Rosso Rubesco Vigna Monticchio Riserva ist der erste Wein, den das Unternehmen entwickelt hat, derselbe, der den Torgiano in der halben Welt bekannt gemacht hat. Bis 2009 fügte man ihm Canaiolo Nero hinzu, heute gewinnt man ihn aus 100 Prozent Sangiovese-Trauben in Reinkultur. Nach der Gärung wird der Wein ein Jahr in großen und kleinen Fässern ausgebaut und verbringt dann 40 Monate in der Flasche. Das Ergebnis ist ein Nektar von großem Charakter mit rubinroter Farbe und Düften von Veilchen, Sauerkirschen und Lakritz. Im Mund wird seine Weichheit gut von der Säure ausgeglichen. Es ist ein Wein, der den Zahn der Zeit nicht spürt, im Gegenteil, er lässt sich auch nach 30 Jahren noch genießen, wenn er gut gelagert wurde. Rubesco ist eine Phantasiemarke, die vom lateinischen Verb *»rubescere«* (erröten) stammt. *Salute!*

Torgiano Rosso Rubesco Vigna Monticchio Riserva | Rosso DOCG | Sangiovese 100% | Lungarotti | Viale Giorgio Lungarotti 2 | 06089 Torgiano (PG) | Tel. 075/988661 | www.lungarotti.it | lungarotti@lungarotti.it

RISERVA
RUBESCO®
VIGNA MONTICCHIO
Torgiano Rosso Riserva docg
2008
LUNGAROTTI

70__Der Herr des Schwertes

Das Mittelalter des Weines •

Die Hügel zwischen Montefalco, Todi und Torgiano bilden eines der reichsten und vielfältigsten Anbaugebiete Umbriens: Ein rotes Sagrantino-Herz in der grünen Mitte Italiens. Die Winzertraditon dieser Gegend reicht bis in die Zeit der Etrusker zurück.

Nach dem Untergang des Römischen Reiches erlitten der Anbau des Rebstocks und die Kultur des Weines einen herben Rückschlag. Die Welt von Butter und Met traf auf die von Olive und Wein. Gott sei Dank wurde Letztere nicht völlig untergebuttert, sondern konnte in den Benediktinerabteien der Bergwelt Umbriens das Mittelalter überdauern. Die Mönche besserten den Boden aus, um Reben anzupflanzen und daraus den Wein zu machen, den sie für ihre Gottesdienste benötigten. So wurden die Rebsorten bewahrt, die wir heute als die ältesten Umbriens ansehen, nämlich Sagrantino und Grechetto.

Die Weinberge nahe Gualdo Cattaneo hießen auch »La Custodia« und benötigten Schutz. Daher beauftragten die Benediktiner den Herzog Odoardo Farnese mit dem Schutz mittels Mauern und Türmen und baten ihn, sie mit seinem Schwert zu verteidigen. Dieses ist heute das Logo von Terre De La Custodia, des Weinbauunternehmens der Familie Farchioni.

Wir befinden uns in der Gemarkung Palombara, 300 Meter über dem Meeresspiegel und nur fünf Kilometer vom historischen Zentrum von Montefalco entfernt. Das Schmuckstück des Unternehmens ist der Montefalco Sagrantino, hergestellt aus den besten Sagrantino-Trauben, die von Hand verlesen werden. Nach der Gärung wird der Wein ein Jahr im Barrique ausgebaut und sechs Monate in der Flasche. Am Ende erscheint er in einer rubinroten Farbe mit granatfarbenen Reflexen. Er duftet nach Kirschkonfitüre, süßem Tabak, Kakao, Lakritz und Chinarinde. Von großer Persistenz im Mund, ist er ein Wein mit einem enormen Körper und Struktur, warm, weich und mit eleganten Tanninen. Er passt gut zu saftigen Gerichten, gebratenem Fleisch und Geschmortem. *Salute!*

Montefalco Sagrantino | Rosso DOCG | Sagrantino 100% | Terre De La Custodia | Loc. Palombara | 06035 Gualdo Cattaneo (PG) | Tel. 0742/92951 | www.terredelacustodia.it | info@terredelacustodia.it

MONTEFALCO
SAGRANTINO
Denominazione di Origine Controllata e Garantita
TERRE DE LA CVSTODIA
Azienda Agraria

71__Die Göttin mit den zehn Brüsten

Mater Matuta, der Wein der Geburt ••

Mater Matuta ist die Göttin, die mit zehn Brüsten dargestellt wird und ebenso vielen Kindern. Sie wurde von den Kulturen des alten Latiums als Gottheit der Morgenröte, als Beschützerin des beginnenden Lebens und der Fruchtbarkeit verehrt. Ihr Kult war in Mittelitalien ziemlich verbreitet; der Tempel aus dem 5. Jahrhundert vor Christus, der wenige Schritte von dem Casale del Giglio entfernt entdeckt wurde, ist ihr gewidmet.

Wir befinden uns in Le Ferriere in der Provinz Latina. Hier gründete 1968 Dottor Bernardino Santarelli, Sohn eines Weinhändlers, seinen landwirtschaftlichen Betrieb und brachte 1984 zusammen mit Sohn Antonio ein Forschungsprojekt auf den Weg »zur Förderung der Landwirtschaft in der Pontinischen Ebene«. Heute arbeiten Forscher und Ampelografen (Rebkundler) von internationalem Rang daran mit.

Das Gebiet, das früher ein Sumpf war, ist um 1930 erschlossen worden und stellte aus weintechnischer Sicht jungfräuliches Gebiet dar. Die Herausforderung für Casale del Giglio ist es stets gewesen, Weine von hoher Qualität herzustellen, und das konnte man ohne das Diktat einer Vorgängertradition tun. So hat dieses Weingut seine experimentelle Arbeit begonnen und ließ sich dabei von einem berühmten französischen Weingebiet inspirieren, das mit der Pontinischen Ebene einiges gemeinsam hat: Wie im Médoc bei Bordeaux befindet man sich auch hier nah am Meer, die Böden sind Schwemmland, sandig, fruchtbar und eben. Daher haben Dino und Antonio entschieden, auf internationale Rebsorten zu setzen.

Der Champion ist der Mater Matuta, dessen Etikett symbolisch für die önologische Neugeburt Latiums steht. Er reift zwei Jahre in neuen Barrique-Fässern und zehn Monate in der Flasche. Das Ergebnis ist ein mächtiger Wein, reich an Anklängen von schwarzer Frucht, welken Blumen und süßen Gewürzen. Im Mund ist er explosiv, hat optimale Tannine und schließt mit Eindrücken von Brombeeren und Vanille. *Salute!*

Mater Matuta | Rosso IGT | Syrah 85%, Petit Verdot 15% | Casale Del Giglio | Strada Cisterna | Nettuno Kilometer 13 | 04100 Le Ferriere (LT) | Tel. 06/92902530 | www.casaledelgiglio.it | info@casaledelgiglio.it

MATER MATUTA
Veduta dell'azienda agricola Casale del Giglio, alle Ferriere
LAZIO
INDICAZIONE GEOGRAFICA TIPICA-IGP
ROSSO
2011
e750ml
14% vol-Italia
IMBOTTIGLIATO ALL'ORIGINE DALL'AZIENDA AGRICOLA
CASALE DEL GIGLIO
S.R.L. - LE FERRIERE - APRILIA (LT) - ITALIA - PRODOTTO IN ITALIA

72__Die Geschichte einer Besinnung

Vom Notar zum Guru der Winzerkunst ••

Wenn in den letzten 15 Jahren das Weinvolk die enormen Möglichkeiten des Cesanese di Affile entdeckt hat, gebührt das Verdienst Anton Maria Coletti Conti, Antonello für seine Freunde. Wir sind ihm zwar nie begegnet, aber wir nennen ihn dennoch Antonello, denn seit wir seinen Romanico gekostet haben, können wir ihn ziemlich gut leiden. Der Romanico ist von rubinroter Farbe, elegant, überzeugend, schmackhaft und von großer Struktur. Seine Aromen erinnern an Jujube, Amarenakirsche, Salbei, Kaffee mit Nuancen von roten Rosen, Humus, Lakritz, grüne Olive und Weihrauch.

Einem solch exzellenten Niveau liegt eine sorgfältige Arbeit bei der Züchtung zugrunde. Man verbringt Jahre zwischen den Weinreben, probiert und wählt die Trauben mit dem besten Geschmacksinhalt, den idealen physisch-chemischen Eigenschaften und der besten Gesundheit aus.

Die Reblinge der ausgewählten Weinstöcke wurden dann zu einer Baumschule geschickt, die sich darangemacht hat, sie zu vermehren und weiter zu züchten. Auf diese Weise ist ein neuer Weinstock entstanden, der auf vulkanischen und tonreichen Böden gepflanzt wurde, mit guter Hanglage und reicher Sonneneinstrahlung. Man bedenke, dass Antonello drauf und dran war, die Notarslaufbahn einzuschlagen. Und dass er aus einer Familie kommt, die der Kirchengeschichte vier Päpste geschenkt hat (Innozenz III., Gregor IX., Alexander IV., Innozenz XIII.)! Doch dann kam die Entscheidung, das Familiengut »La Caetanella« in die Hände zu nehmen. In diesem Moment ist Antonello Agronom, Önologe, Vater eigener Reben und Beschützer des Cesanese di Affile geworden. Dank seiner Arbeit wird diese Rebsorte heute als die vielversprechendste autochthone Rebe von Latium angesehen. Trinken Sie ihn zu Fleisch aus dem Ofen, Ragout vom Lamm oder *Pasta alla gricia*, *amatriciana* oder *carbonara*. *Salute!*

Cesanese del Piglio Superiore Romanico | Rosso DOCG | Cesanese di Affile 100% | Coletti Conti | Via Vittorio Emanuele 116 | 03012 Anagni (FR) | Tel. 0389/9009900 | www.coletticonti.it | coletticonti@coletticonti.it

COLETTI CONTI
DOCG
ROMANICO
COLETTI
CONTI
CESANESE DEL PIGLIO
DENOMINAZIONE DI ORIGINE CONTROLLATA E GARANTITA

73__Göttlicher Bruder!

Ein Franzose aus Bolsena ••

Es war im Jahr 1979, als die Brüder Riccardo und Renzo Cotarella die Kellerei Falesco in Montefiascone gründeten. Wenige Schritte vom Lago di Bolsena entfernt, genoss diese Gegend über Jahrhunderte einen guten Ruf wegen der Produktion außerordentlicher Weine, die dem päpstlichen oder adeligen Esstisch vorbehalten waren. Mit der Zeit jedoch flaute die Winzertradition immer mehr ab, bis sie quasi komplett verloren ging. Hier ist es Riccardo und Renzo, beide Önologen von internationalem Ruf, gelungen, aus einem kleinen Familienbetrieb ein erfolgreiches Unternehmen zu kreieren.

Nachdem sie den Roscetto, eine Rebsorte mit hellen Beeren, wiederbelebt haben, entscheiden sie, alles auf eine internationale Traube zu setzen: den Merlot! Das Projekt nimmt in Riccardos Gedanken während einer Reise 1987 in die Gegenden von Saint-Émilion und Pomerol an der Garonne Gestalt an. Verzaubert von der Atmosphäre dieser Orte, entschließt er sich ein Jahr später zusammen mit Renzo, auf dem Familiengut die »Plant de Médoc« anzupflanzen.

Der Ort Pian di Monetto ist grundlegend verschieden von jenen, die als geeignete Orte für den Merlot gelten: Bordeaux in Frankreich und Bolgheri in Italien. Das Meer ist weit weg und der Boden vulkanisch. Aber gerade das unterscheidet den Montiano von den Merlots der Küste, denn dieses Terroir macht ihn weniger warm und dicht, dafür aber eleganter, fruchtiger und frischer. 1993, fünf Jahre nach dem Pflanzen der alten Merlot-Setzlinge aus Château Cheval Blanc, wird der erste Jahrgang des Montiano geerntet und produziert.

Von seinem aromatischen Verhalten elegant und mit großer Struktur und Konzentration zeigt sich dieser Wein in intensiver rubinroter Farbe, mit Düften von Vanille, kleinen roten Früchten, Zimt, schwarzem Pfeffer und Gewürznelken. Im Mund ist er rund und einnehmend, besitzt aber auch eine gute Frische. Der Geschmack ist elegant, lang anhaltend und persistent und kommt bei einem Gericht mit rotem Fleisch am besten zur Geltung. *Salute!*

Montiano | Rosso IGP | Merlot 100% | Falesco | Pian di Monetto |
01027 Montefiascone (VT) | Tel. 0744/9556 | www.falesco.it | info@falesco.it

FALESCO
MONTIANO
2012
LAZIO
Indicazione Geografica Protetta

74_Das Land des Weines

Die Abruzzen zum Trinken •

Tollo ist ein kleines Dorf in der Provinz Chieti, das seit jeher vom Weinanbau lebt. Wir sind wenige Kilometer von der adriatischen Küste entfernt, wo sich die Hügel in Reih und Glied erheben und in parallelen Linien bis zum Majella verlaufen. Die Weinreben bekleiden ebenfalls in strenger Ordnung jeden Hektar des grünen Landes und setzen sich fort bis zu den Hängen des Apennins, unterbrochen nur durch den einen oder anderen dunkleren Flecken Wald und die roten Dächer.

Das Leben zwischen diesen Hügeln verläuft einfach, aber ursprünglich wie die Weine, die hier produziert werden: spontan, zugänglich und sicher zufrieden machend. Der unangefochtene Fürst ist der Montepulciano, Hauptfigur bei allen Rot- und Roséweinen der Gegend, die indes auch bekannt ist für ihre hervorragenden Weißweine auf der Grundlage der Pecorino- und der Passerina-Traube. Dank des Weinanbaus war Tollo eines der wenigen Dörfer in den Abruzzen, die nach dem Zweiten Weltkrieg nur wenig von Emigration betroffen waren. Das ist auch ein Verdienst der 1960 gegründeten Cantina Tollo, einer Kooperative, die mit dem Ankauf und der Verarbeitung der lokalen Trauben beauftragt ist. Die Cantina, zu der heute mehr als 1.000 Genossen gehören und die in die ganze Welt exportiert, wird mit Herzblut von Tonino Verna und einem Team von jungen und gut ausgebildeten Önologen geführt.

Der Cagiòlo ist das Aushängeschild des Unternehmens. Man gewinnt ihn aus den Montepulciano-Trauben, die im Einzugsgebiet von Tollo wachsen. Sie werden gepresst und 20 Tage lang der Gärung und Mazeration überlassen. Der Wein beginnt einen langen Reifeprozess in Becken aus Glasbeton, dann in Barrique-Fässern, in Stahlfässern und zuletzt in der Flasche. Das Ergebnis ist ein Montepulciano d'Abruzzo von rubinroter Farbe mit violetten Reflexen und einem Duft von reifen roten Früchten mit Anklängen von Amarena-Kirsche, Brombeeren, Kakao, Vanille, Lakritz und Zimt. Im Mund ist er reich an Geschmack und von langer Persistenz mit süßen und samtigen Tanninen. *Salute!*

Montepulciano d'Abruzzo Cagiòlo Riserva | Rosso DOP | Montepulciano 100% | Cantina Tollo | Viale Garibaldi 68 | 66010 Tollo (CH) | Tel. 0871/96251 | www.cantinatollo.it | info@cantinatollo.it

CAGIÒLO
2010
MONTEPULCIANO D'ABRUZZO
DENOMINAZIONE DI ORIGINE PROTETTA
RISERVA
CANTINA TOLLO

75__Ein Hoch auf Hannibal!

Die Wiederentdeckung des Weines, der die Karthager erfrischte •

Die Tradition von Controguerra hinsichtlich der Weinkultur geht auf die Zeit der Etrusker zurück. Der erste schriftliche Beleg über die Weine der Abruzzen kommt von dem griechischen Historiker Polybios (205–123 vor Christus). Es ist die Zeit Hannibals, der nach dem Sieg von Cannae (216 vor Christus) in der Gegend von Controguerra Erholung für sich und seine Truppen suchte. Den Ort wählte der karthagische Feldherr nicht zufällig: Der nördliche Teil der Provinz Teramo war bekannt für die Qualität seiner Weine, die »die Verletzten geheilt und den Männern neue Kräfte eingeflößt haben«.

In Controguerra entstand 1890 das Weinbauunternehmen, das heute von Cavalier Dino Illuminati geführt wird. Der Status eines Cavaliere della Repubblica wurde ihm 2005 vom damaligen Staatsoberhaupt Carlo Azeglio Ciampi verliehen, weil er Forschung und Aufwertung der Trauben der Abruzzen gefördert und »die Wichtigkeit einiger Gebiete in den Abruzzen wieder in unseren Blick gerückt hat«.

Dank Dinos Engagement sind die Herkunftsbezeichnungen DOC Controguerra und DOCG Montepulciano d'Abruzzo Sottozona Colline Teramane entstanden. Der Montepulciano d'Abruzzo Colline Teramane Zanna Riserva wird ausschließlich in den besten Jahrgängen hergestellt. Der Name »Zanna« stammt vom gleichnamigen Weinberg auf den Hügeln der rechten Uferseite des Tronto.

Nach der Gärung wird der Wein in Fässer aus slowenischer Eiche gefüllt, wo er 24 bis 26 Monate verbleibt. Von granatroter Farbe, duftet er nach roten Früchten, dunklen Gewürzen, Tabak und Leder, mit Anklängen von Menthol und Mineralien. Im Mund ist er weich, frisch, von eleganten Tanninen und hinterlässt eine lange fruchtige Persistenz. Mit rotem Fleisch kommt er groß heraus, vor allem mit den berühmten Arrosticini di Pecora Abruzzesi (Spießchen mit Schaffleisch), mit Trüffel und gereiften Käsesorten. *Salute!*

Montepulciano d'Abruzzo Colline Teramane Zanna Riserva | Rosso DOCG | Montepulciano 100% | Dino Illuminati | Contrada San Biagio 18 | 64010 Controguerra (TE) | Tel. 0861/808008 | www.illuminativini.it

LITRI 0.750
AAA 02830736
1890
1990
Zanna
Montepulciano d'Abruzzo
Colline Teramane
RISERVA
Denominazione Di Origine Controllata e Garantita
DOCG
ILLUMINATI

76 Der Stolz von Tollo

Im kleinen DOC-Gebiet gibt's guten Wein •

»Tollo ist ein kleiner Landfleck im Abruzzo Citeriore, nicht weit von dem adriatischen Meer entfernt und berühmt für seinen Wein«, schrieb Padre Bernardo Maria Valera im Jahr 1747. Heute ist die Qualität des Weines, der in diesem Dorf – dem Sitz des kleinsten DOC-Gebietes in Italien – produziert wird, gewiss nicht geringer.

Wir befinden uns fünf Kilometer von der Adria und etwa 30 vom Massiv des Majella entfernt. Hier entsteht ein Mikroklima aus milden Meeresbrisen und einem idealen Temperaturverlauf zwischen Tag und Nacht, das den Reben ermöglicht, die aromatischen Komponenten zu bilden, die man für einen guten Wein benötigt. Das zeigt der schnelle Aufstieg eines jungen Unternehmens wie Feudo Antico, ein Projekt, das 2004 unter der Leitung von Andrea Di Fabio entstanden ist, mit der Absicht, die autochthonen Rebsorten der Gegend wiederzuentdecken.

Nach einer sorgfältigen Untersuchung der Böden, der Mikroklimata und der Pfropfunterlagen ist für jede einzelne Traubenart die ideale Lage ausgewählt worden. Von Beginn an ist sehr viel Aufmerksamkeit auf den Pecorino und den Passerina verwandt worden, zwei Rebsorten, die als »minderwertig« betrachtet wurden. Beide benötigen Anlagen mit limitiertem Ertrag und besondere Pflege. Derzeit bewirtschaftet das Unternehmen 15 Hektar Rebland. Im Keller sind weder die Verwendung von Holz noch eine Filtrierung vorgesehen, um dem Wein die Möglichkeit zu geben, die natürlichen Eigenschaften der Traube hervortreten zu lassen.

Bei Bio-Weinen wie dem Pecorino Tullum ist die Gärung spontan. Im Folgenden reift der Wein sechs Monate in Zementbecken, auf den eigenen Hefen. Das Ergebnis ist ein frischer Wein, schmackhaft, aber mit sehr gutem Körper und Persistenz.

Die Farbe ist ein intensives Strohgelb mit goldenen Reflexen. Die Aromen reichen von hellen Blumen bis zu reifer gelber Frucht und hinterlassen im Mund einen angenehmen Eindruck von Mandeln. Trinken Sie ihn zu Fischgerichten, hellem Fleisch oder frischen Käsesorten. *Salute!*

Tullum Pecorino Biologico | Bianco DOP | Pecorino 100% | Feudo Antico | Via Perruna | 66010 Tollo (CH) | Tel. 0871/969803 | www.feudoantico.it | info@feudoantico.it

FEUDO ANTICO
I nostri vigneti ritratti da Richard Harris
Tullum
Pecorino
Denominazione di Origine Protetta
BIOLOGICO
2014
PRODOTTO A FERMENTAZIONE SPONTANEA E NON FILTRATO
SPONTANEOUSLY FERMENTED AND UNFILTERED PRODUCT
Prodotto in Italia - Product of Italy
e 75 cl
13.5% vol.
IMBOTTIGLIATO ALL'ORIGINE DA
FEUDO ANTICO - TOLLO (CH) - ITALIA
Contiene solfiti - Contains sulphites -
Indeholder sulfitter
magis
SUSTAINABLE WINE
VERIFIED BY
DNV BUSINESS
ASSURANCE

77 Wein, Liebe und Phantasie

Ein Trebbiano, den man nicht vergisst ••

Gianni Masciarelli erbt von seinem Großvater Umberto die Leidenschaft für die Rebe und den Wein und beginnt noch in jungen Jahren die ersten Experimente im Keller, getrieben von einem großen Traum: die autochthonen Rebsorten der Abruzzen wieder zur Geltung zu bringen. Im Jahr 1981 gründet er sein Unternehmen mit nur 2,5 Hektar Rebland (heute sind es 320), mit denen er die Produktion und den Verkauf beginnt.

1987 begegnet er Marina Cvetic. Es entsteht eine tief gehende Beziehung, privat und beruflich, dazu bestimmt, die Exzellenz des Weines aus den Abruzzen in der Welt bekannt zu machen. Vier Jahre später widmet Gianni seiner Ehefrau eine Linie absolut exzellenter Weine.

Sechs Rebsorten in Reinkultur (Trebbiano, Montepulciano, Merlot, Cabernet Sauvignon und Chardonnay) tragen auf ihrem Etikett den Namen Marina Cvetic. Heute ist Gianni nicht mehr unter uns, und die Leitung des Unternehmens liegt ganz in Marinas Händen, gleichzeitig liebevolle Mutter und Herrin eines Unternehmens, das 2,5 Millionen Flaschen jährlich herstellt.

Die Trauben, aus denen der Trebbiano d'Abruzzo Marina Cvetic Riserva entsteht, wachsen in der Landschaft von Bucchianico. Der Weinberg befindet sich in unmittelbarer Nähe zu den spektakulären Kalkerosionen, die das Sonnenlicht reflektieren und auf die Pflanzen zurückwerfen. Dadurch schaffen sie optimale Bedingungen, damit sich aromatische Bestandteile und Zucker in den Trauben anreichern. Der Wein wird in neuen Barrique-Fässern vergoren und reift dann 18 Monate auf den Hefen sowie weitere zwölf Monate in der Flasche. Er hat eine goldgelbe Farbe, duftet nach Papaya, gelbem Pfirsich, Safran, Honig, kandierten Zitrusfrüchten mit Salz- und Balsamnoten. Der Schluck ist cremig, samtig mit einer klaren Schmackhaftigkeit, einer entschiedenen Frische und von langer Persistenz. Trinkt ihn zu Fisch *in guazzetto* (kräftiger Tomatensoße), Krustentieren, hellem gebratenen Fleisch und Pilzen. *Salute.*

Trebbiano d'Abruzzo Marina Cvetic Riserva | Bianco DOC | Trebbiano 100% | Masciarelli | Via Gamberale 1 | 66010 San Martino sulla Marrucina (CH) | Tel. 0871/85241 | www.masciarelli.it | info@masciarelli.it

MARINA CVETIC
MARINA
CVETIĆ
Riserva
Trebbiano

78 Die Rose der Abruzzen

Ein einfach eleganter Wein

Er ist eine Art »Papa« des Weinanbaus in den Abruzzen, einer, der maßgeblich beim enormen Qualitätssprung der Weine des Teramano in den letzten Jahrzehnten mitgewirkt hat. Es handelt sich um Camillo Montori. Seine Kellerei befindet sich in Controguerra, 50 Hektar Weinberge direkt an der Grenze zwischen den Marken und den Abruzzen.

Die adelige Familie der Montori ist hier seit Jahrhunderten ansässig. Im Jahr 1870 entscheidet Cavalier Giuseppe Montori, Präsident des Comizio Agrario del Teramano, Weine abzufüllen und zu verkaufen, die auf dem Familiengut produziert worden sind. Es ist die Geburtsstunde des Weinbauunternehmens Fonte Cupa.

Camillo Montori nimmt in den 60er Jahren die Zügel des Weingutes in die Hand, um die Qualität der eigenen Produktion zu heben. Er setzt zuerst auf einen Weißwein, einen Trebbiano, der das Unternehmen auch außerhalb der Region bekannt macht, und dann auf den Montepulciano d'Abruzzo, der ganz entscheidend zur Entstehung des DOC-Gebietes Controguerra beiträgt.

Die Bewahrung der Traditionen und die technischen Innovationen, zusammen mit einer niedrigen Ertragsquote im Weinberg und einer akkuraten Verlesung der Trauben, haben aus dieser Kellerei einen Leuchtturm in der önologischen Welt der Abruzzen gemacht.

Der Montepulciano ist die Hauptsorte, die sowohl rot als auch weiß gekeltert wird, nach einer kurzen Mazeration auf den Traubenschalen. So entsteht einer der besten Rosé-Weine Italiens: der Cerasuolo d'Abruzzo Fonte Cupa, von Bibenda mit fünf Trauben ausgezeichnet. Von korallenrosa Farbe und mit Düften von Granatapfel, Himbeeren, Kirschen, Veilchen und mineralischen Anklängen. Im Mund ist er von seltener Feinheit, körperreich und elegant, frisch und schmackhaft. Er passt gut zu Fisch *in guazzetto* (kräftiger Tomatensoße), Krustentieren, hellem Fleisch oder Melone und Schinken. *Salute!*

Cerasuolo d'Abruzzo Fonte Cupa | Rosato DOC | Montepulciano d'Abruzzo 100% | Camillo Montori | Via Piane Tronto 80 | 64016 Controguerra (TE) | Tel. 0861/809900 | www.montorivini.it | info@montorivini.it

AZIENDA AGRICOLA CAMILLO MONTORI
CONTROGUERRA - ITALIA
2014
Fonte Cupa®
CERASULO D'ABRUZZO
denominazione di origine controllata
75 cl e
Imbottigliato all'origine dall'Azienda Agricola
12,5% vol
CAMILLO MONTORI
CONTROGUERRA - ITALIA
CONTIENE SOLFITI - PRODOTTO IN ITALIA - CONTAINS SULPHITES

79__Der Kunsthandwerker des Weines

Gehasster Trebbiano, wir lieben dich ••••

»Der Trebbiano passt nicht zu einem Unternehmen, das darauf setzt, nur Weine der höchsten Qualität herzustellen«, sagte mit snobistischem Gehabe der Direktor einer neuen, hochmodernen, aber auch heute noch völlig unbekannten Kellerei im April 2012. »Dummkopf« dachten wir und erinnerten uns an den Sinnesrausch, den uns der Trebbiano Valentini beschert hat. Verlacht oder hochgelobt, Besenwein während einer Jugendfreizeit oder Wein großer Emotionen ... mit dem Trebbiano gibt es keine Kompromisse. Und es gibt nur wenige Winzer, die den Mut und das Können besitzen, das Potenzial dieser faszinierenden Traube zu entfesseln. Wie soll man also nicht das Weingut zutiefst bewundern, dem es jedes Jahr wieder gelingt, ein Trebbiano-Meisterwerk hervorzubringen, immer einzigartig und verschieden zu den früheren Jahrgängen, aber immer ein überwältigender Wein.

Das Weingut Valentini in Loreto Aprutino hat eine fast vier Jahrhunderte alte Geschichte. Heute wird es von Francesco Paolo und seiner Frau Elena Guzmán García geführt. Francesco ist ein Kunsthandwerker des Weines und hasst die moderne Hektik. Er hat kein Handy, keine E-Mail-Adresse und keine Internetseite. Dennoch hat sein Trebbiano mehr Preise gewonnen als jeder andere italienische Weißwein.

Seine Arbeit beruht ausschließlich auf der Traube: Es gibt keine synthetischen Produkte bei ihm, es werden keine fremden Hefen verwendet. Es gibt keine Temperaturkontrollen, keine Filtrierungen oder sonst etwas, das die Wahrhaftigkeit der Beziehung zwischen Weinstock und Terroir verfälschen könnte. Das Ergebnis ist ein überraschender Nektar, reich an unterschiedlichen Assoziationen.

Es steigen Düfte von Brotkruste auf, Champignon, saurem Apfel, Honig und Zitrusfrüchten. Man kann ihn sofort oder auch nach 30 Jahren Alterung genießen. Er passt zu Krustentieren, zu würzigen Fischgerichten, zu hellem Fleisch und gereiften Käsesorten. *Salute!*

Trebbiano d'Abruzzo | Bianco DOC | Trebbiano 100% | Valentini | Via del Baio 2 | 65014 Loreto Aprutino PE | Tel. oder Fax 085/8291138

all'origine dalla
AZIENDA AGRICOLA
società agricola
PE - Italia
12,50% vol
75 cl
Vendemmia 2012
TREBBIANO
d'ABRUZZO
denominazione di origine controllata

80_Wilde Abruzzen

Ein marsischer Wein •

Valle Reale ist 1999 entstanden, durch die Hand von Leonardo Pizzolo. Es befindet sich 500 Meter über dem Meer im Herzen der Abruzzen, zwischen dem Parco Nazionale di Gran Sasso, dem Parco Nazionale della Majella und den Monti della Laga. Diese Gegend ist ein grünes und wildes Paradies, wo sich Mondlandschaften gleiche Hochebenen mit tiefen, gefurchten Schluchten abwechseln, durch die eisiges, kristallklares Wasser fließt.

Der Fürst dieser Umgebung ist der marsische Wolf, beschützt von der unberührten Natur des Parco della Majella. Für eine Weinkellerei ist dies ein einzigartiger und seltener Platz, vor allem angesichts der übergroßen Zahl an Weinproduzenten, die an der Küste zu finden sind. Hier verbindet sich die für den Breitengrad typische Hitze mit den strengen Wintern, denen die Zeit der Weinernte gefährlich nahekommt. Die erheblichen täglichen Temperaturschwankungen lassen sehr duftige und frische Weine entstehen. Die Ertragsquoten pro Hektar müssen jedoch äußerst gering bleiben, um den Weinreben die Gelegenheit zu geben, in den Beeren eine hinreichende Menge von Zuckern und anderen für die Herstellung eines guten Weines notwendigen Substanzen anzusammeln.

Alle Valle-Reale-Weine werden durch spontane Gärung gewonnen, um einen maximalen Ausdruck des Terroirs in den Geschmacksnuancen des Weines zu erhalten. Wenn er jung ist, könnte der Wein leicht stumpf und trübe erscheinen. Lassen Sie sich davon nicht täuschen, es ist nur das Anzeichen eines lebendigen Produktes.

Die Weinberge liegen in den Tälern von Popoli und Capestrano. Hier entsteht der Trebbiano Vigna di Capestrano, ein strukturierter, frischer, angenehmer und langlebiger Wein. Er ist von strohgelber Farbe und duftet nach Abruzzenhonig, Zitrusfrüchten und aromatischen Kräutern. Im Mund werden die kräftigen Noten von gelber, reifer und saftiger Frucht mit Säure und Mineralität ausgeglichen. Der Wein passt zu Fischgerichten und Krustentieren. *Salute!*

Trebbiano d'Abruzzo Vigna di Capestrano | Bianco DOC | Trebbiano 100% | Valle Reale | Località San Calisto | 65026 Popoli (PE) | Tel. 085/9871039 | www.vallereale.it | info@vallereale.it

AZIENDA AGRICOLA
VALLE REALE
VIGNA DI CAPESTRANO
TREBBIANO D'ABRUZZO
Fermentazione spontanea non filtrato
RACCOLTO 2012

81 Die Kunst des Menschen

Ein Riserva, der für die Abruzzen ins Rennen geht ••

Zaccagnini ist eine Art Ehebund zwischen Wein und Kunst. Das Gut Bolognano, ein kleines Dorf am Rande des Parco Nazionale della Majella, ist ein Museum unter freiem Himmel. Wenn Sie einmal zu Besuch sind, werden Sie sofort von dem Eingangstor beeindruckt sein, das in Form eines riesigen Etiketts gestaltet ist, geschaffen von Pietro Cascella. Wunderschön auch das Dach der Kellerei, in Form von Möwenflügeln, und die mächtige Terrasse, die über den Weinbergen thront. Zwischen den Rebspalieren und im Keller finden sich indes die Werke der unterschiedlichsten Künstler.

Von den Aufführungen, die Zaccagnini organisiert, lassen Sie sich »Uvarte« nicht entgehen, ein Event, das die Beziehung zwischen Kunst und Natur zum Ausdruck bringt und vom Wein als Kunst des Menschen erzählt. 1999 hat die Kellerei zudem den Preis »Tralcetto d'Oro dell'Amicizia« (Goldener Rebling der Freundschaft) gestiftet, um an die Beziehung zu erinnern, die während des Zweiten Weltkrieges auf den Schlachtfeldern in Russland zwischen Ciccio Zaccagnini (Marcellos Vater) und Giuseppe Prisco (dem früheren Präsidenten des Inter Mailand) entstand.

Inmitten dieser ganzen Kunst verlieren wir jedoch den Wein keineswegs aus den Augen! Die Weinberge erstrecken sich über 150 Hektar für eine jährliche Produktion von etwa drei Millionen Flaschen, die auf Reisen gehen und den Namen der Abruzzen in gut 41 Ländern auf verschiedenen Kontinenten hochhalten.

Zwischen allen Labels der Kellerei ist der Montepulciano d'Abruzzo Terre di Casauria San Clemente Riserva der Champion, ein komplexer und körperreicher Rotwein, der, bevor er in Flaschen abgefüllt wird, zwölf Monate im Stahlfass und 18 Monate im Barrique ausgebaut wird.

Er zeigt sich in einer schönen rubinroten Farbe, glänzend und intensiv mit Düften von gerösteter Mandel, Lakritz und Waldfrüchten. Er passt bestens zu würzigen Fleischgerichten, wie geschmortem Hammel oder Rinderbraten mit Rosmarin. *Salute!*

Montepulciano d'Abruzzo Terre di Casauria San Clemente Riserva | Rosso DOC | Montepulciano 100% | Zaccagnini | Contrada Pozzo | 65020 Bolognano (PE) | Tel. 085/8880195 | www.cantinazaccagnini.it | info@cantinazaccagnini.it

San Clemente
MONTEPULCIANO
D'ABRUZZO
Denominazione di Origine Controllata
Terre di Casauria
RISERVA
ZACCAGNINI

82 __ Neue Weine aus alten Trauben

Am besten jetzt trinken ••

Die Weine dieser Kellerei haben viel gemeinsam mit Fede und Tinto, denn sie stellen die perfekte Vereinigung zwischen Altem und Modernem, Tradition und Innovation, dar … alles klar? Tinto ist der Teenager, Fede der Onkel.

Wir befinden uns in Molise, einer kleinen Region im südlichen Mittelitalien. Eine Gegend von hohem önologischen Potenzial, das bislang noch wenig zum Ausdruck gekommen ist. Es gibt jedoch eine Kellerei, die Di Majo Norante, die über die Jahre in der Lage war, dieses Terroir am besten zur Geltung zu bringen. Die Familie Di Majo produziert Weine seit 1800, wie die Keller im alten Palazzo der Familie unter der Piazza di Campomarino bezeugen, doch erst seit 1968 füllt sie selbst ab und verkauft unter eigenen Etiketten. »Erst« ist dabei relativ, denn man sollte bedenken, dass die Idee, in dieser Gegend Weine von hoher Qualität zu erzeugen, vor 50 Jahren wirklich eine weitsichtige Entscheidung war.

An der Spitze des Unternehmens haben zuerst Luigi und später Alessio Di Majo entschieden, ganz auf historische Rebsorten Süd- und Mittelitaliens zu setzen, vom Greco all'Aglianico, dem Falanghina bis zum Bombino über den Sangiovese, Montepulciano, Prugnolo, Trebbiano und Tintillia. Die niedrigen Erträge im Weinberg und die Aufmerksamkeit im Keller machen aus den Weinen von Di Majo Norante die perfekten Fürsprecher dieser Gegend des italienischen Stiefels.

Der Champion der Champions ist der Molise Rosso Don Luigi Riserva, ein Montepulciano von rubinroter Farbe mit purpurnen Reflexen, feinsten Noten von Pflaumenkompott und süßen Gewürzen. Der Wein reift 18 Monate in wiederverwendeten Barrique-Fässern und wenigstens sechs Monate in der Flasche. Er passt hervorragend zu den typischen schmackhaften Primi Piatti der molisischen Küche und zu gebratenem roten Fleisch. *Salute!*

Molise Rosso Don Luigi Riserva | Rosso DOC | Montepulciano 100% | Di Majo Norante | Contrada Ramitelli 4 | 86042 Campomarino (CB) | Tel. 0875/57208 | www.dimajonorante.com | vini@dimajonorante.it

DON
RISERVA
2011
DI MAJO NORANTE

83_A wie Aglianico Bue Apis

Ein Wein, der dich verhext ••••

Die Cantina del Taburno ist 1972 vom Consorzio Agrario Provinciale di Benevento gegründet worden, mit dem edlen Ziel, »Ordnung« zu schaffen zwischen den zahlreichen kleinen Winzern der Gegend. Heute kann die Cantina 300 beitragende Genossen und 600 Hektar Weinberge aufweisen, die auf die Hänge des Monte Taburno verteilt sind.

Der Bue Apis ist der Spitzenwein des Unternehmens. Er hat seinen Namen von einer seltsamen Statue aus ägyptischem Granit, die 1629 auf der anderen Seite des Flusses Sabato gefunden und von einem französischen Ägyptologen als Darstellung der altägyptischen Gottheit Apis identifiziert wurde, Schutzpatronin der Handwerker und Krämer. In Benevent gab es nämlich einen Isis-Tempel, den sich der Kaiser Domitian gewünscht hatte, und die Menge ägyptischer Funde, die man an der Stelle gemacht hat und die aus dem Tempel stammen, machen die Stadt zu einem außerägyptischen Unikum. Im 12. Jahrhundert erlangte Benevent den Spitznamen »Stadt der Hexen«, eben wegen der Dämonisierung der heidnischen Riten, die hier immer noch verwurzelt waren.

Der Aglianico del Taburno Bue Apis ist das Produkt aus Trauben, die aus einem Weinberg stammen, der noch nach dem antiken System des freien Wachsenlassens bewirtschaftet wird. Die Weinstöcke sehen eher wie Bäume aus, einige Triebe erreichen eine Länge von 27 Metern. Es handelt sich nicht um einen gewöhnlichen Aglianico, sondern um einen besonderen Klon, der schwer zu domestizieren ist und deswegen »Aglianico Amaro« (Bitterer Aglianico) genannt wird. Der Wein erfährt eine Mazeration von 40 Tagen, um dann 18 Monate in neuen Barrique-Fässern aus Eiche und Kastanie zu verbringen. Am Ende dieses Prozesses erhält man einen Nektar von purpurroter Farbe, mit Düften von Maulbeere und Johannisbeere. Im Mund ist er reich und ausgewogen mit weichen Tanninen und einem langen Finale von geröstetem Kaffee, Tabak und Gewürzen. Trinken Sie ihn zu einem schönen Schafsragout, zu deftig Gebratenem oder Geschmortem. *Salute!*

Aglianico del Taburno Bue Apis | Rosso DOC | Aglianico 100% |
Cantina del Taburno | Via Sala 12 | 82030 Foglianise (BN) | Tel. 0824/871338 |
www.cantinadeltaburno.it | info@cantinadeltaburno.it

DOCG
2011
BUE APIS
CANTINA DEL
TABURNO

84_Als Herr wird man geboren …

… Sommelier wird man mit der Zeit ••••

Wir sind im Herzen der Irpinia, deren Weinberge bereits in den Texten von Plinius, Columella und Strabon belegt sind. Ein umkämpftes Gebiet, das die Spuren der Bevölkerungen trägt, die hier im Laufe der Zeit einander abgelöst haben: Langobarden, Byzantiner, Normannen, Sueben, das Haus Anjou … und die Fans von Juventus. Ihre Hinterlassenschaften sind Kastelle, Adelspaläste, Kirchen, Abteien und Konvente. Hier, genauer gesagt in Sorbo Serpico, entstand 1986 die Kellerei Feudi di San Gregorio. In jener Zeit verbreiteten sich in allen Teilen Italiens die sogenannten internationalen Rebsorten. Unsere Kellerei hat jedoch entschieden, auf die Weinbaukultur des Ortes zu setzen.

Man hörte sich die Ratschläge der alten Weinbauern vor Ort und die Meinung der Techniker und Wissenschaftler an, pflanzte autochthone Rebsorten und schuf neue Anlagen nach den historischen Vorbildern. Sorbo Serpico ist ein einzigartiges Terroir, eine tiefgrüne Folge von Bergen, Hügeln und Ebenen, charakterisiert durch reiche Niederschläge und große Temperaturunterschiede.

In dieser natürlichen Oase entsteht der Pàtrimo, eine der wenigen Ausnahmen gegenüber all den autochthonen Rebsorten. Ein einzigartiger Merlot, entstanden durch den glücklichen Zufall, dass man einen untypischen alten Weinberg mitten in Irpinia entdeckt hat.

Der Merlot kann sich an viele unterschiedliche Klimata anpassen und zeigt dabei jedes Mal eine andere Seite von sich. In diesem Fall bringt er einen Nektar von rubinroter Farbe hervor, der nach Rosenblättern riecht, nach Pflaumenkonfitüre, schwarzer Johannisbeere, Kakao, Lakritz und Schokolade. Im Mund sind die Tannine süß und weich, und der Geschmack des Finales erinnert an Gewürze und Frucht. Er passt sehr gut zu den Secondi Piatti mit rotem Fleisch aus dem Ofen, vom Grill oder gebraten. *Salute!*

Pàtrimo | Rosso IGT | Merlot 100% | Feudi di San Gregorio | Loc. Cerza Grossa | 83050 Sorbo Serpico (AV) | Tel. 0825/986683 | www.feudi.it | info@feudi.it

PÀTRIMO®
FEUDI DI
SAN
GREGORIO
2012

85_Aus Kampanien … mit Furore!

Ein heroischer Wein •••

Als wir 2012 das erste Mal in Furore waren, um unsere Sendung »Fuori di Gusto« auf La7 aufzunehmen, waren wir gleichsam erschlagen von der Schönheit dieser Landschaft. Während wir uns der Bucht des Ortes an Bord einer kleinen Fischerbarke näherten, konnten wir nicht umhin, uns zu fragen, wie es die Menschen an diesem Flecken Erde nur geschafft haben, Stein auf Stein die Trockenmauern zu errichten, die die Weinberge stützen. Auf diesen Felsen, die steil in das smaragdblaue Meer abfallen, gibt es keine Neigung unterhalb der 50 Prozent. Geschichten von Mühe und Schweiß, von einer Gesellschaft und einer Mentalität, die nicht mehr existieren, aber immer noch faszinieren.

Der Name »Terra Furoris« (Land der Raserei) ist der alte Name des Ortes und kommt von der Gewalt, mit der sich die Wellen in der Bucht brechen. Auf diesen Mäuerchen, die der Sonne und dem Meer der Costa d' Amalfi ausgesetzt sind, wachsen die Weinstöcke, die Andrea Ferraioli der Ehefrau Marisa Cuomo 1980 anlässlich ihrer Hochzeit geschenkt hat.

Ripoli, Fenile und Ginestra sind die Rebsorten, mit denen man den Fiorduva macht. Sie sind autochthon, haben ein durchschnittliches Alter von 80 Jahren, geben nur geringe Erträge und verlangen aufwendige Pflege, aber sie sind in der Lage, exzellente Trauben hervorzubringen. Zu der atemberaubenden Lage der Weinberge kommt die Faszination der Kellerei hinzu, die direkt am Meer auf 500 Metern Höhe liegt und in den Fels aus dolomitischem Kalkstein gegraben ist.

Von strohgelber Farbe mit goldenen Schlieren duftet der Wein nach Aprikose, Ginster und exotischer Frucht. Elegant, mineralisch, frisch und konsistent füllt er den Mund und hinterlässt einen langen Nachgeschmack von trockenen Trauben und kandierten Früchten. Trinken Sie ihn zu Pasta *allo scoglio* (Nudeln mit Muscheln, Garnelen, Tintenfischen und frischen Tomaten) oder Fisch vom Holzkohlegrill oder aus dem Ofen. *Salute!*

Costa d'Amalfi Furore Bianco Fiorduva | Bianco DOC | Ripoli 40%, Fenile 30%, Ginestra 30% | Furore Marisa Cuomo | Via G.B. Lama 16/18 | 84010 Furore (SA) | Tel. 089/830348 | www.marisacuomo.com | info@marisacuomo.com

Costa d'Amalfi
DENOMINAZIONE DI ORIGINE CONTROLLATA
FIORDUVA
Gran Furor
MARISA CUOMO

86_Stärker als die Zeit

Die Wächter des kampanischen Weines ••

Dies ist die Geschichte einer Kellerei und einer Familie, die sich seit Jahrhunderten dafür einsetzt, die lange Tradition des kampanischen Weines zu bewahren. Die Ursprünge der Mastroberardino gehen in das 18. Jahrhundert zurück, als ein gewisser Berardino, genannt »Mastro«, also Meister, seine Tätigkeit als Winzer im Herzen der Irpinia begann, in Atripalda. Seither haben gut zehn Generationen die Aktivität der Familie vorangebracht. Eine wahrhafte Mission, dieses Land und seine autochthonen Rebsorten wie den Fiano, den Aglianico und den Greco zu bewahren.

Offiziell entstand die Kellerei im Jahr 1878, als Angelo Mastroberardino das Unternehmen bei der Camera di Commercio in Avellino eintrug. Sein Enkel Antonio, Vater des heutigen Besitzers Piero, war eine absolut beispielhafte Erscheinung in der Welt des Weines im 20. Jahrhundert. Cavaliere durch Namen wie durch Benehmen, widmete er sein Leben dem Unternehmen, das die Großväter gegründet hatten, und verteidigte es gegen die Bedrohungen durch Reblaus und Zweiten Weltkrieg. 1945 existierten die Weinberge praktisch nicht mehr. Es sind Antonio und die Brüder Angelo und Walter, die das ganze Gebiet wieder aktivieren und auf die traditionellen Rebsorten setzen. Antonio war es, der auf eigene Faust die Bestimmungen für den Taurasi, den Greco, den Fiano und den Lacryma Christi schrieb. Ihm ist es zu verdanken, dass der Weinanbau am Vesuv dem unkontrollierten Zuzementieren widerstand und man heute sagen kann, dass er wiederauferstanden ist.

Der Taurasi Radici Riserva ist ein Wein, der allem widerstanden hat, auch den Versuchungen der Mode, indem er sich Eleganz und Komplexität bewahrte, sodass man ihn als Barolo des Südens definieren kann.

Nach einer langen Mazeration auf den Schalen reift er 30 Monate im Holzfass. Er zeigt sich in granatroter Farbe mit Düften von Kirsche, Himbeere, Piniennadeln und Veilchen. Im Mund ist er mächtig, aber fein und elegant zugleich und von großer aromatischer Reinheit. Er passt zu gebratenem Fleisch, zu Pilzgerichten und stark Gewürztem. *Salute!*

Taurasi Radici Riserva | Rosso DOCG | Aglianico 100% | Mastroberardino | Via Manfredi 75/81 | 83042 Atripalda (AV) | Tel. 0825/614111 | www.mastroberardino.com | pr@mastroberardino.com

LITRE 0,750
AAA 02946123
TAURASI
RADICI
Taurasi
DENOMINAZIONE DI ORIGINE CONTROLLATA E GARANTITA
Riserva
2007
Mastroberardino
1878

87 Ein Bonbon aus dem Süden

Der Wein ist die Milch der Alten •••

Wir sind an den Ausläufern der Monte Picentini. In der Vergangenheit war Montevetrano der Jagdsitz der Bourbonen und wurde später, in den 50er Jahren, von der Familie Imparato in ein landwirtschaftliches Unternehmen umgewandelt. Zu dieser Zeit produzierte man Obst, Nüsse, Wein und Öl für den Hausgebrauch. Giuseppe hat das Gut von seinen Eltern in den 60er Jahren geerbt und mit der Restaurierung der Bauernhäuser und des Gutshauses aus dem 18. Jahrhundert begonnen.

Der vornehme Montevetrano wurde aus einer seiner durchschlagenden Intuitionen geboren. Im Jahr 1985 hat er entschieden, den Barbera, Piedigrosso und Uva di Troia auszureißen, um Platz für die Rebstöcke des Aglianico, Cabernet Sauvignon und Merlot zu schaffen. 1991 sind die ersten wenigen Flaschen herausgekommen, die an Freunde verteilt wurden. Das Ergebnis war eine Überraschung: Der Montevetrano kam so gut an, dass Freunde Silvia Imparato überredeten, einige Flaschen an den weltbekannten Spezialisten Robert Parker zu schicken und ihn um seine Meinung zu bitten. Dieser antwortete, indem er einen Artikel in einer Fachzeitschrift publizierte und erklärte, der »Sassicaia des Südens« sei geboren.

1993 wurde eine hinreichende Menge Flaschen erreicht, und der Montevetrano kam in den Handel. Die Qualität wächst mit dem Alter der Weinstöcke, und die Produktion hat sich auf etwa 30.000 Flaschen eingependelt. Die Gärung folgt einem traditionellen Verfahren: 15 Tage in Stahlbottichen, danach folgt ein Aufenthalt in neuen Barrique-Fässern für etwa zehn bis zwölf Monate. Dies garantiert den richtigen Ausbau und eine ausgeglichene Entwicklung. Die Geschmacksnoten reichen von Amarena-Kirschen bis Maulbeeren, von schwarzer Johannisbeere bis zu unverfälschten Anklängen von Balsamharz, Rosen, Meeresmacchia und hellem Tabak. Dies alles wird begleitet von einer reichen mineralischen Spur. Im Mund ist er weich und persistent. Er passt gut zu gewürzten Gerichten und gebratenem Fleisch. *Salute!*

Montevetrano | Rosso IGT | Cabernet Sauvignon 50%, Aglianico 30%, Merlot 20% | Montevetrano | Via Nido | 84099 S. Cipriano Picentino (SA) | Tel. 089/882285 | www.montevetrano.it | info@montevetrano.it

Montevetrano®
imbottigliato dall'Azienda agricola
Montevetrano
di Silvia Imparato
2009

88 Das andere Kampanien

Gewagte Wette eines Winzers aus Berufung ••

Zuerst Manager eines französischen Konzerns, dann Unternehmensberater und anschließend Journalist, Sommelier und Redakteur von »Bibenda« und »Duemilavini« … seine größte Berufung hat Giovanni Ascione schließlich im Weinberg gefunden. Die *saudade* hat ihn nach Kampanien geführt. Im Jahr 2007 hat er bei Monticelli di Castel Campagnano im Norden von Caserta das Unternehmen Nanni Copè gegründet (das dem Großvater gewidmet ist). Er entscheidet, nur ein einziges Label zu produzieren, aus einem winzigen Weinberg von nur zweieinhalb Hektar und nur in extrem limitierter Menge. Das sind im Schnitt 7.500 Flaschen im Jahr bei einem Potenzial von 25.000 Flaschen.

Der Weinberg von Giovanni befindet sich 215 Meter über dem Meer, zwischen dem Bergmassiv des Taburno und des Matese. Das 30 Kilometer entfernte Meer, der nahe Fluss Volturno und die Waldmacchia tragen dazu bei, die Luft auch in den stickigsten Monaten abzukühlen. Die Böden basieren auf dem Sand des Sandsteins von Caiazzo, der sich vor sieben Millionen Jahren gebildet hat.

Gerade wegen der geografischen Eigenschaften der Gegend wählt Giovanni den Namen seines Weines aus: Sabbie di Sopra Il Bosco. Er wird mit den autochthonen Rebsorten Aglianico, Pallagrello und einer kleinen Menge Casavecchia gemacht, die aus über 100-jährigen Wurzelstöcken gewonnen wird. Die Weinernte findet Traube für Traube statt, ganz nach dem jeweiligen Reifestand. Nach 13 Monaten im Fass und weiteren acht in der Flasche ist der Wein pure Harmonie: rubinrot mit Düften von Tabak, roter Rose, aromatischen Kräutern, Sandelholz, Heidelbeere, Jujube, Schwertlilie, Lavendel und im Finale dunklen Gewürzen. Der Geschmack ist reich und elegant und besitzt eine explosive Mineralität. Im Jahr 2008 fand die erste Produktion statt: 6.000 Flaschen, von denen sich nach drei Monaten schon keine Spur mehr fand … *Salute!*

Sabbie di Sopra Il Bosco | Rosso IGT | Pallagrello Nero 90%, Aglianico 5%, Casavecchia 5% | Nanni Copè | Via Tufo 3 | 81041 Vitulazio (CE) | Tel. 0330/879815 | www.nannicope.it | nc@nannicope.it

UNA VITA, TANTE VITE
NANNI·COPÈ
SABBIE DI SOPRA IL BOSCO
TERRE DEL VOLTURNO
Indicazione Geografica Tipica
VENDEMMIA 2013

89_Wer hat diesen Wein gemacht?

Niemand, niemand, niemand …

Nach »Bibenda 2015« einer der zehn besten Weine Italiens, entsteht der Taurasi Poliphemo aus der Philosophie eines einzigen Mannes: Luigi Tecce. Wer ihn kennengelernt hat, beschreibt ihn als ehrlich, fähig und entschlossen. Seine Weine bestätigen das: außerhalb der Norm, natürlich, aber unmittelbar angenehm und verständlich. Kein Kunstprodukt, nur emsige Handarbeit von einem Bauern, der seine Sorgfalt auf seinen kleinen historischen Weinberg verwendet, der 1930 nach traditionellem Muster *a raggiera* (baumartig) gepflanzt wurde.

Um die Persönlichkeit dieser Weine von Grund auf zu verstehen, muss man die Geschichte Luigis zusammenfassen. Er besucht die Fakultät Wirtschaft und Handel in Neapel, geht aber, enttäuscht vom qualitativen Verfall der Universität nach Rom, um sich in die Politik einzumischen. Das war die Zeit von Tangentopoli, dem Schmiergeldskandal Anfang der 90er Jahre. Verbittert kehrt Luigi in seinen Geburtsort zurück, Paternopoli in Kampanien. 1997 erbt er vom Vater das Familienunternehmen, eine Aufgabe, von der er absolut nichts versteht. All seine heutigen Kenntnisse sind das Ergebnis von Erfahrungen auf dem Feld. Überzeugt davon, dass die Rückkehr aufs Land die bodenständigste Lösung ist, widmet er sich diesen fünf Hektar Weinberg im Herzen der Irpinia. Die Gegend war in römischer Zeit als Campania Felix bekannt, und die hier produzierten Weine wurden in das gesamte Imperium exportiert. Darunter befand sich auch der Hellenico, heute bekannt als Aglianico. Eine opulente Rebsorte: viel Säure, hoher Zuckergehalt, reichlich Tannine. Ein schwieriges Erbstück, doch wer es in den Griff bekommt, kann daraus Weine von großartiger Machart gewinnen. Luigi gelingt es hervorragend.

Der Taurasi Poliphemo ist von rubinroter Farbe, reich an Düften: Muskatnuss, Lavendel, schwarze Kirschen, aromatische Kräuter, Harz, Rinde, Tabak, Humus und Kaffee. Im Mund ist er weich, mineralisch, voll und fruchtig, frisch und mit gut angepassten Tanninen. *Salute!*

Taurasi Poliphemo | Rosso DOCG | Aglianico 100% | Luigi Tecce | Via Trinità | 83052 Paternopoli (AV) | Tel. 0349/2957565 | ltecce@libero.it

LITRI 0.750
AAA 03397637
TAURASI
LUIGI
TECCE
Poliphemo
2010
TAURASI
DENOMINAZIONE DI ORIGINE
CONTROLLATA E GARANTITA
Questo vino è stato
prodotto dalla vinificazione
di una particolare vigna,
impiantata nel 1930 e allevata
con sistema tradizionale.
Sono state prodotte 4800
bottiglie e 100 Magnum numerati.
QUESTA È LA BOTTIGLIA:
N° 1126
750 ml ℮
14%vol

90_Das »CERN des Weines«

Tradition und Qualität mit schwindelerregenden Zahlen •

1.200 beitragende Genossen, 2.500 Hektar Weinberg, 130.000 Doppelzentner Trauben und zehn Millionen Flaschen, die jedes Jahr produziert werden. Wir sprechen von den Cantine Due Palme, der Winzergenossenschaft, die 1989 in Cellino San Marco gegründet wurde.

Die Weinberge decken sechs DOP-Gebiete ab, während die Kellerei das Hauptquartier für die Weiterverarbeitung ist. Fünf Abladeplätze für die Trauben, vier Vakuumpressen, fünf Traubenmühlen, zwei Kühleinheiten mit jeweils 1.500.000 Frigorien pro Stunde, 26 aufrecht stehende Gärbehälter, 21 horizontale Umwälzanlagen und ein Labor zur Analyse.

Zur Ausstattung dieses »CERN des Weines« gehören auch ein Fasskeller, wo der Ausbau des Weines in Barrique-Fässern von 10.000 Hektolitern stattfindet, und eine Abfüllanlage mit einer Kapazität von 11.000 Stück pro Stunde auf einer Fläche von 1.800 Quadratmetern.

Die größte Genossenschaft des Mezzogiorno in Italien zu sein bedeutet aber nicht, zugunsten der Technologie der Tradition zu entsagen oder der Qualität zugunsten der Quantität. Das beweist der Preisregen, den der weltweite Adel der önologischen Kritik dem Unternehmen beschert hat. Der größte Teil der Weinberge von Due Palme wird strauchartig angebaut, die alte Anbauform der Reben am Mittelmeer, bei der die Pflanze ungestützt am Boden wachsen darf, sodass sie sich vor der Sonne, der Hitze und dem Wind schützen kann.

Der Salice Salentino Rosso Selvarossa Riserva wird aus Negroamarotrauben gewonnen, denen eine kleine Portion Malvasia Nera hinzugefügt wird. Die Trauben werden per Hand im idealen Reifemoment geerntet, gekeltert und bei 20 Grad vergoren. Nach neun Monaten Ausbau in Barrique-Fässern entsteht ein Nektar von rubinroter Farbe mit intensiven Eindrücken von Amarena-Kirsche und Heidelbeerkonfitüre, süßen Gewürzen, Kakao, Lakritz, mediterraner Macchia und Mentholnoten. Im Mund ist er schmackhaft und frisch mit samtigen Tanninen. Versuchen Sie ihn zu *Brasciole alla Barese* (Rouladen). *Salute!*

Salice Salentino Rosso Selvarossa Riserva | Rosso DOP | Negroamaro 85%, Malvasia Nera 15% | Cantine Due Palme | Via San Marco 130 | 72020 Cellino San Marco (BR) | Tel. 0831/617865 | www.cantineduepalme.it

CANTINE
DUE PALME
SELVAROSSA
RISERVA
VITICOLTORI DEL SALENTO
CONCORSO ENOLOGICO INTERNAZIONALE MEDAGLIA D'ORO
VINITALY - VERONA

91_Symphonie mit Paukenschlag

Flieh nicht aus Foggia, trink den Araprì ••

Bei einer Jamsession kommen Musiker zu einer unvorhersehbaren musikalischen Vorstellung zusammen, bei der jeder auf seine Weise improvisiert, jedoch auch versucht, eine gemeinsame Harmonie mit seinen Mitspielern zu erreichen.

Das haben sich 1979 auch drei Jazzmusiker aus San Severo, aus der Gemeinde Foggia im Herzen der Daunia, vorgenommen. Die Neuigkeit? Dass die Symphonie sich als Sektflasche herausstellt, mit einem Sekt nach klassischer Methode … und was für eine klassische Methode! Die drei Jazzer sind Girolamo d'Amico (Trompeter, Chemiker und leitender Techniker), Louis Rapini (Klavierdiplom, verantwortlich für Marketing) und Ulrico Priore (Kontrabass und Kellerchef). Aus den Anfangsbuchstaben ihrer Nachnamen entstand die Marke Araprì. Vor ihnen hat sich in dieser Gegend niemand an die Sektproduktion nach klassischer Methode und von hoher Qualität herangetraut, noch dazu unter Verwendung der örtlichen Rebsorten. Die Kellereien von Araprì erstrecken sich über 1.000 Quadratmeter in den unterirdischen Kellern einiger historischer Palazzi im Zentrum von San Severo. Deren Erbauung geht auf das 17. Jahrhundert zurück. In diesem beeindruckenden Ambiente lagern Tausende Flaschen im Dunkeln und Kühlen. Der Gran Cuvée XXI Secolo ist der önologische »Hit« des Trios. Ein Sekt nach klassischer Methode, hauptsächlich aus Bombino-Bianco-Trauben gemacht, die langsam reifen, eine robuste Säure beibehalten und eine Rebsorte darstellen, die in erhabener Weise die Rolle des Chardonnay in bester französischer Tradition übernehmen kann. Nach vier Jahren Reifung auf den Hefen entsteht ein Sekt von goldgelber Farbe und feinster Perlung. In der Nase erinnert er an Mandarine, geröstete Nüsse, Brotkruste und Zuckerwatte. Im Mund ist er frisch und weich, die Persistenz ist lang und gut mit dem Geruch koordiniert. *Salute!*

Gran Cuvée XXI Secolo | Bianco Spumante | Bombino Bianco 65%, Pinot Nero 20%, Montepulciano 15% | d'Araprì | Via Zannotti 30 | 71016 San Severo (FG) | Tel. 0882/227643 | www.darapri.it | info@darapri.it

d'Araprì
2008
VENDEMMIA
d'Araprì
GRAN CUVÉE
XXI SECOLO
SAN SEVERO · ITALIA

92 Entfesseltes Vergnügen

Ein luxuriöser Wein •••

Es, es … könnte der beste Wein Apuliens sein. In Wirklichkeit ist das freudsche Es ja reiner Instinkt, entfesseltes Vergnügen, ohne Bedingungen und Regeln. Jenseits von Raum und Zeit, Logik und Moral folgt das Es einem einzigen Prinzip: dem des Vergnügens. Kann es einen besseren Namen für einen Wein geben, der solchen Genuss verspricht?

Von intensiver rubinroter Farbe mit purpurnen Reflexen, verführt er zuerst den Geruchssinn mit Düften von Amarena-Kirsche, Kakao, Myrte und Pinienharz, um dann im Mund seidig und schmeichelnd zu sein und einen überbordenden fleischlichen Geschmack zu entfalten, niemals schwer und immer gut ausgewogen, von einer Frische, die nach einem weiteren Schluck verlangen lässt … und dann noch einen und noch einen. Entschuldigen Sie bitte, wir müssen uns nur kurz den Mund abwischen …

Das Weinbauabenteuer von Gianfranco Fino startet zu Beginn des neuen Jahrtausends mit der Suche nach dem perfekten Weinberg, um einen Wein mit maximaler Ausdruckskraft des Terroirs zum Leben zu erwecken. Um seinen Traum zu realisieren, benötigt Gianfranco alte Reben mit tiefen Wurzeln, die in der Lage sind, alle für die apulische Erde typischen mineralischen Komponenten aufzusaugen. Darüber hinaus müssen die Rebstöcke von der autochthonen Sorte Primitivo sein und als Büsche kultiviert werden, die beste Form, um dem mächtigen Wind und der starken Sonneneinstrahlung der Manduria zu begegnen.

Im Januar 2004 führt die Suche zu dem Ankauf des ersten Weinbergs, nicht viel größer als ein Hektar, aber mit über 50-jährigen Weinstöcken darin. Der verbotene Traum wird Realität, und im folgenden Jahr wird »Es« auf den ersten Messen präsentiert, wo er sofort den Zuspruch zahlreicher Weinliebhaber und Leute vom Fach erhält. Auch manche Kritik, aber man kann ja nicht allen gefallen – auch besser so, so kann man nämlich hier und da noch eine Flasche erwischen, trotz der niedrigen Stückzahlen, die produziert werden. *Salute!*

Primitivo di Manduria Es | Rosso DOC | Primitivo 100% | Gianfranco Fino | Via Piave 12 | 74028 Lama (TA) | Tel. 099/7773970 | www.gianfrancofino.it | info@gianfrancofino.it

Es

93_Ein Wein des ersten Abends!

Trink mich und erzähl's mir •

Warum sollte sich ein gefeierter Journalist, italienischer Fernsehmoderator und Schriftsteller mit 70 Jahren wieder ins Gespräch bringen und von null ein Projekt starten, das rein gar nichts mit seinem Beruf zu tun hat? Und warum sollte einer aus den Abruzzen Wein in Apulien machen? Keine Sorge, wir sprechen nicht von irgendwem, sondern von Bruno Vespa.

Die Antworten auf diese Fragen gibt es, und sie sind auch wirkliche Antworten, aber entgegen jeder Regel der Kommunikation wollen wir mit einer anderen Frage antworten: Warum nicht? Schließlich lässt sich das neue Abenteuer von »Brunone Nazionale« bestens verstehen, wenn man seine Weine kostet, die alle gut sind, einige exzellent und vor allem für alle erschwinglich. In jedem Fall hat Bruno oft genug seine Liebe zum Salento erklärt und zum Nektar des Bacchus. Der Kreis hat sich mit der Freundschaft und Kollaboration von Riccardo Cotarella geschlossen, Önologe und feiner Interpret der Terroirs des Südens.

Das Projekt startete 2011, als Bruno zusammen mit anderen Teilhabern die Masseria Cuturi in der Manduria erwarb. 13 Hektar, die mit Primitivo und Negroamaro bepflanzt sind, was für eine Gesamtjahresproduktion von 40.000 Flaschen reicht. Dem Primitivo di Manduria Raccontami hat »La Bibenda« bereits fünf Trauben zugestanden.

Der Name (»*Raccontami*«: Erzähl's mir) ist der Name eines Radioprogramms, das Bruno mit einem seiner Söhne auf einem der landesweiten Rundfunksender moderierte.

Der Raccontami kommt in rubinrotem Gewand daher, glänzt mit purpurnen Reflexen und ist von unglaublicher Konsistenz. In der Nase und im Mund ist er äußerst reich: Er erinnert an schwarze Kirschen, Sauerkirschkonfitüre, Brombeeren, Fruchtgelee und aromatische Kräuter, mit Noten von Mokka, Lakritz und Kakao. Er passt sehr gut zu gebratenem roten Fleisch. *Salute!*

Primitivo di Manduria Raccontami | Rosso DOC | Primitivo 100% | Futura 14 | Via XX Settembre 75 | 74024 Manduria (TA) | Tel. 06/3722120 | www.bvfutura14.it | ordini@bvfutura14.it

Raccontami
PRIMITIVO DI MANDURIA
Raccontami
IMITIVO DI MANDURIA

94 What's America!

Salento: Sonne, Meer, Wind … und der Rosato!

Es ist das Jahr 1665. Der Herzog Oronzo Arcangelo Maria Francesco di Lemos wird Besitzer von gut 5.000 Hektar Land in Salice Salentino. Dort gründet er das Weinbauunternehmen Leone de Castris, und bereits Anfang des 19. Jahrhunderts beginnt dieses, Fassweine in die Vereinigten Staaten, nach Deutschland und Frankreich zu exportieren. Im Jahr 1943, gegen Ende des Krieges, bestellt General Charles Poletti, als Kommissar für den Nachschub der alliierten Truppen zuständig, bei der Kellerei eine große Ladung Roséwein. Die Trauben, die gepresst werden, um dieser Nachfrage gerecht zu werden, kommen aus der Gemarkung Cinque Rose (Fünf Rosen), so genannt, weil die Leone de Castris über Generationen hinweg mit unglaublicher Regelmäßigkeit stets fünf Söhne hatten.

So entsteht der Five Roses, auf Verlangen des Generals mit der englischen Bezeichnung versehen. Es ist der erste Roséwein Italiens, der in Flaschen gefüllt und in den USA verkauft wird. Heute ist das Unternehmen auf 500 Hektar reduziert, teils wegen der Erbaufteilung (fünf Söhne jedes Mal sind ja kein Scherz), teils wegen der Bodenreform. Etwa 250 Hektar sind mit Weinbergen belegt, was für eine Jahresproduktion von zweieinhalb Millionen Flaschen reicht. Bei Ziffern dieser Größenordnung stellt sich stets die schicksalhafte Frage: Hat die Quantität der Qualität geschadet? Sicher nicht! Andererseits können auch 350 Jahre Weinbauerfahrung keine Garantie sein.

Zum ersten Mal 1993 produziert, anlässlich des 50-jährigen Jubiläums von Five Roses, unterscheidet sich die Ausgabe »Anniversario« von der traditionellen durch ihre größere Komplexität. Man gewinnt ihn aus den ältesten Rebstöcken des Gutes, und er präsentiert sich in leuchtender kirschrosa Farbe, duftet nach Rosenwasser, Heidelbeeren, roten Johannisbeeren und Walderdbeeren. Im Mund ist er frisch und lang mit fruchtigem, persistentem Finale, bestens geeignet für Risotto mit Meeresfrüchten, Fisch *in guazzetto*, helles Fleisch, Salami und Sushi. *Salute!*

Five Roses Anniversario | Rosato IGT | Negroamaro 80%, Malvasia Nera 20% | Leone de Castris | Via Senatore de Castris 26 | 73015 Salice Salentino (LE) | Tel. 0832/731112 | www.leonedecastris.com | marketing@leonedecastris.com

Leone de Castris
VITIVINICOLTORI DAL 1665
71°
ANNIVERSARIO
FIVE
ROSES
2014
Salento
indicazione geografica tipica

95 Apuliens Blut

Der Wein der Schlemmer •

Wir sind auf dem Land bei Torre Santa Susanna und Oria, im Herzen der salentinischen Halbinsel, einer Gegend von mediterranem Charakter. Die Masseria Altemura ist im Jahr 1500 von den Grafen Martini Carissimo gegründet worden, die bis zum 21. Jahrhundert die Besitzer waren. Im Jahr 2000 wurde sie dann von der Familie Zonin gekauft, die auf den ersten Blick ihr önologisches Potenzial erkannte, die Böden wieder erschloss und neue Rebspaliere mit Primitivo, Negroamaro und Fiano anlegte.

Das Gut ist Teil des DOC-Gebietes Primitivo di Manduria, und seine Weinberge befinden sich auf halber Strecke zwischen dem Jonischen und dem Adriatischen Meer und profitieren daher von den Windströmungen und der salzigen Luft des einen wie des anderen. Dank der starken Sonneneinstrahlung und der Intensität, mit der das Licht von den kalk- und mineralreichen Böden reflektiert wird, reichern sich die Trauben leicht mit Zuckern und Aromen an.

Der Primitivo di Manduria Altemura ist eine moderne Variante der historischen Rebsorte des apulischen Weinhandwerks. Die Balsam- und Gewürznoten erschaffen eine einnehmende Harmonie mit den Nuancen von Brombeere, Heidelbeere, Veilchen und Schokolade. Die extreme Frische und die weichen, überzeugenden Tannine beinhalten die berauschende Seele einer Halbinsel, die reich an Sinneseindrücken ist. Wenn wir diesen Wein trinken, möchten wir sofort Ferien in Apulien machen!

Die Trauben werden bei fortgeschrittener Reife geerntet und vorsichtig gekeltert. Der Most erfährt eine Gärzeit von 21 Tagen bei einer Temperatur von 25 bis 28 Grad. Der Wein wird 14 Monate lang in Fässern aus französischer Eiche ausgebaut und weitere acht in der Flasche. Die große Weichheit und der Reichtum an aromatischen Nuancen machen ihn zu einem idealen Begleiter geschmacksstarker, saftiger oder würziger Gerichte, etwa Bohnen-Püree mit frittierten Peperoni oder *Bombette Pugliesi* (kleine Schweinerouladen mit eingerolltem Cacciocavallo-Käse). *Salute!*

Primitivo di Manduria Altemura di Altemura | Rosso DOC | Primitivo 100% | Masseria Altemura | Strada provinciale 69 | 72028 Torre Santa Susanna (BR) | Tel. 0831/740485 | www.masseriaaltemura.it | info@masseriaaltemura.it

MASSERIA
ALTEMURA
SALENTO PUGLIA
ALTEMURA
2013
PRIMITIVO di MANDURIA
DENOMINAZIONE DI ORIGINE CONTROLLATA

96 Der Wolf vom Castel del Monte

Weinpartnerschaft zwischen Toskana und Apulien •••

Guten Wein zu machen ist die Mission der Familie Antinori, inzwischen seit 600 Jahren. Ihre Arbeit, die sich einer Erfahrung rühmt, die über 26 Generationen von Winzern weitergegeben wurde, hat längst die regionalen Grenzen der Toskana überwunden.

In Apulien haben die Marchesi 1998 das Unternehmen Tormaresca gegründet, das aus zwei weit entfernten Produktionsstätten besteht: der Masseria Maime im Herzen des Salento und der Tenuta Bocca di Lupo in Minervino Murge. Letztere zählt 130 Hektar Rebland mitten im Parco Nazionale dell'Alta Murgia, das komplett nach zertifiziertem biologischem System bewirtschaftet wird. Wir befinden uns auf 250 Metern über dem Meer, nahe am antiken Vulkan Vulture. Der Boden ist steinig und trocken, aber reich an marinem Kalk. Das Klima wird von erheblichen Temperaturunterschieden zwischen Tag und Nacht bestimmt. Die Philosophie, auf die sich das Unternehmen gründet, lautet: große Weine herstellen aus autochthonen apulischen Rebsorten. Und tatsächlich ist der größte Teil der Flächen mit Primitivo, Negroamaro, Fiano, Nero di Troia und Aglianico bepflanzt.

Die Geschichte erzählt, dass diese Rebsorte von den Griechen im 7. Jahrhundert vor Christus in Italien eingeführt wurde, weshalb sie in der Antike als »Ellenico« bekannt war. Dies mutierte dann im 15. Jahrhundert, unter der Herrschaft der Aragonesen, zu »Aglianico«.

Aus diesen Trauben wird der Castel del Monte Aglianico Bocca di Lupo gewonnen. Nach 15 Monaten in Barrique-Fässern aus französischer und ungarischer Eiche erscheint er in einem rubinroten Licht. In der Nase ist er balsamisch, mit Anklängen von Lakritz und heller Minze, süßen Gewürzen, Schokolade, Sternanis, Pfeffer und Amarena-Saft. Im Mund ist er weich mit wichtigen Tanninen und einer entschlossenen Säure. Ideal zu Primi Piatti mit Ragout und Secondi Piatti mit rotem Fleisch. *Salute!*

Castel del Monte Aglianico Bocca di Lupo | Rosso DOC | Aglianico 100% | Tormaresca | Loc. Tofano | C.da Torre d'Isola | 76013 Minervino Murge (BT) | Tel. 0883/692631 | www.tormaresca.it | tormaresca@tormaresca.it

BOCCA DI LUPO
CASTEL DEL MONTE
DENOMINAZIONE DI ORIGINE CONTROLLATA
AGLIANICO
2010
TORMARESCA

97_Ein Boden, der nährt

Der Wein, um auf den Kauf der ersten Wohnung anzustoßen ••

Nach einem guten Uni-Abschluss in Agrarwissenschaften 1982 und vielen beruflichen Erfolgen entsteht bei Gerardo Giuratrabocchetti (wir wissen, dass Sie diesen Namen noch einmal lesen ...) der Gedanke, noch einmal von vorn anzufangen und ein neues Leben als Winzer zu beginnen.

Es ist der Tag seines 40. Geburtstags, der 5. Oktober 1998, als er mit seiner Frau Marcella das Weinbauunternehmen Cantine del Notaio gründet. Es besitzt etwa 30 Hektar Rebland im Vulture-Gebiet, wo das Klima durch reiche Niederschläge im Herbst und eine starke Trockenheit im Sommer bestimmt ist. Das Geheimnis des Weines liegt im Boden, genauer gesagt in den tieferen Tuffschichten vulkanischer Natur, die als Wasserreservoir dienen. Darüber hinaus verursachen afrikanische Winde und die Luftströme vom Vulture-Massiv starke Temperatursprünge zwischen Tag und Nacht und erlauben den Trauben so, langsam zu reifen und eine große Vielfalt an Aromen anzureichern.

Das Flaggschiff der Kellerei ist der Aglianico Il Sigillo. Nach der Ernte im November und einer Vergärung von 20 Tagen reift der Wein in alten Grotten, die seit 1600 bestehen und in der Vergangenheit von den Franziskanern genutzt wurden. Diese in den Tuff gegrabenen Höhlen erfreuen sich eines perfekten und natürlichen Gleichgewichts zwischen Temperatur, Feuchtigkeit und Belüftung. Sie garantieren außergewöhnliche Bedingungen für den Ausbau der Weine, die hier in Barrique-Fässern aus französischer Eiche lagern.

Er ist ein Wein von großer Struktur, aber unbezweifelbarer Eleganz, von intensiver rubinroter Farbe mit granatfarbenen Tendenzen. In der Nase erinnert er an Waldfruchtkonfitüre, Schokolade und schwarzen Pfeffer. Im Mund ist er weich, samtig und von einem langen, würzigen Finale geprägt, das nach Lakritz und Bitterschokolade schmeckt. Er harmoniert gut mit Fleischgerichten und gereiften Käsesorten. Versuchen kann man auch Süßspeisen auf der Grundlage von bitterem Kakao. *Salute!*

Aglianico del Vulture Il Sigillo | Rosso DOC | Aglianico 100% | Cantine del Notaio | Via Roma 159 | 85028 Rionero in Vulture (PZ) | Tel. 0972/723689 | www.cantinedelnotaio.com | info@cantinedelnotaio.it

CANTINE DEL NOTAIO
IL SIGILLO
Est 2010
AGLIANICO
DEL VULTURE
Denominazione di Origine Controllata

98 Ein alter Schatz

Das Kalabrien, das Sie nicht erwartet hätten ...

Der Moscato Passito ist eines der herausragenden Produkte der italienischen Weinkultur sowie das Emblem von Saracena, einer Gemeinde innerhalb des Parco Nazionale del Pollino. In zahlreichen antiken Schriften gelobt und unweigerlich bereits um 1500 Bestandteil der päpstlichen Tafel, ist er niemals über eine Produktion für den Hausgebrauch hinausgekommen und lief daher Gefahr zu verschwinden.

Im Jahr 1999 entschied Luigi Viola, ein pensionierter Grundschullehrer, in Saracena die »Cantine Viola« zu gründen. Ziel des Unternehmens: den Moscato Passito wieder anzubauen. Die Jahresproduktion überschreitet auch heute nicht die 6.000 Flaschen (zu 50 Zentilitern), aber die herausragende Qualität des Produktes hat der Familie Viola zahlreiche Anerkennungen beschert, und die Tradition des Moscato aus Saracena ist heute ein »Kulturgut« unseres Landes.

Der uralte Produktionsprozess sieht die Ernte des Moscatello in den ersten Septembertagen vor. Seine Trauben werden auf beschattete Gerüste gelegt, um Zucker und Aromen weiter zu konzentrieren. In den ersten Oktobertagen werden der Guarnaccia und der Malvasia geerntet. Deren Most wird zum Kochen gebracht, und nach und nach werden die welken Beeren des Moscatello hinzugefügt und mit der Hand zerdrückt, um die Beschädigung der Traubenkerne zu vermeiden. Es folgen eine lange Gärzeit und eine Mazeration von wenigstens sechs Monaten.

So entsteht ein ambrafarbener, leuchtender, dichter Nektar. Sein Duft ist äußerst intensiv, mit Eindrücken von kandierter Orangenschale, Aprikose, Datteln, Trockenfrüchten, welken Rosenblättern und Akazienhonig. Er schließt mit oxidativen, würzigen Tönen. Der Schluck ist süß und einnehmend, ausgeglichen von einer entschiedenen Frische und einer raffinierten schmackhaften Spur. Die Persistenz ist lang und geprägt von Erinnerungen an mediterrane Macchia.

Er kann sehr gut zu trockenem Gebäck, Obstsalat und Schimmelkäse getrunken werden. *Salute!*

Moscato Passito di Saracena | Bianco Dolce IGP | Guarnaccia Bianca 40%, Malvasia 35%, Moscatello di Saracena passito 25% | Cantine Viola | Via Roma 18 | 87010 Saracena (CS) | Tel. 0981/349099 | www.cantineviola.it

Passito
MOSCATO
CANTINE
VIOLA

99 Wie schön ist es, Gravello zu trinken

Von den Griechen zu Librandi ••

Kalabrien ist schon immer ein Land des Weines gewesen. Die alten Griechen tauften es »Oinotria«, was so viel bedeutet wie: das Land, wo der Wein an Stöcken wächst. Das hat uns während der 49sten Vinitaly Professor Attilio Scienza von der Mailänder Universität beigebracht. In Wirklichkeit produzierte man den Trank der Götter auch in Griechenland, doch ließ man dort die Pflanzen ohne Stütze wachsen, sodass sie sich auf dem Boden ausbreiteten.

Die Präsenz der hellenischen Kultur in Kalabrien ist heute nicht nur durch antike Spuren belegt, sondern auch durch die landwirtschaftlichen Praktiken, die über Jahrhunderte weitergegeben wurden. Die Familie Librandi trägt dazu bei, den Wert dieser Traditionen hochzuhalten. Seit den 90er Jahren hat sie begonnen, die lokalen Rebsorten wieder zum Leben zu erwecken, die Vertreter einer 1.000-jährigen Tradition sind. In der önologischen Geschichte Kalabriens sind zahlreiche autochthone Sorten verloren gegangen, und man kultivierte stattdessen internationale Rebsorten, die produktiver und einfacher in der Handhabung waren.

Ein perfektes Beispiel der Harmonisierung zwischen internationalen und autochthonen Sorten ist der Gravello, das Spitzenprodukt des Unternehmens, das zu 40 Prozent aus Cabernet Sauvignon und zu 60 Prozent aus dem autochthonen Gaglioppo besteht, auch bekannt als »*Principe Nero*« (Schwarzer Prinz). Diese Verbindung führt zu einem eleganten, raffinierten Ergebnis von intensiver rubinroter Farbe. In der Nase ist er ein fruchtiges und sehr reifes Erlebnis mit einer pflanzlichen Note von aromatischen Kräutern, Unterholz und Moschus sowie einer finalen Nuance von gerösteten Nüssen und Lakritz. Im Mund ist er weich und kräftig mit einem langen und würzigen Finale. Ein großer Wein für herzhafte, würzige Speisen, gebratenes Fleisch oder gereifte Käsesorten. *Salute!*

Gravello | Rosso IGT | Gaglioppo 60%, Cabernet Sauvignon 40% | Librandi | SS 106 Contrada San Gennaro | 88811 Cirò Marina (KR) | Tel. 0962/31518 | www.librandi.it | librandi@librandi.it

LIBRANDI LIBRANDI
GRAVELLO®
VAL DI NETO - ROSSO
Indicazione Geografica Tipica
LIBRANDI

100_Wenn man so einen Wein machen könnte!

Rot vor Glück ••

Nehmen Sie einen visionären Winzer, einen Önologen, und 100-jährige Weinstöcke *a piede franco* (die also nicht im Zuge der Reblausplage auf amerikanische Wurzelstöcke aufgepfropft wurden). Fügen Sie noch die Mineralität des Lavabodens hinzu und krönen Sie das Ganze mit Temperaturunterschieden, wie es sie in der Bergwelt gibt, sowie mit der strahlendsten Sonne Europas. Dann haben Sie die önologische Rezeptur, die sich jeder romantisch veranlagte Trinker erträumt.

Wenn Sie zu dieser Kategorie gehören, bereiten Sie sich und Ihre Tafelfreunde gut vor, denn die Verkostung des folgenden Weines könnte Sie zu hysterischen Glückskundgebungen verleiten. Wir sprechen vom Rosso Serra della Contessa von Giuseppe Benanti, dem Initiator der Wiederentdeckung der Ätnaweine. Wenn man hört, dass heute über dieses Vulkangebiet als Wein-Eldorado gesprochen wird, dann geht das Verdienst zu großen Teilen an Giuseppe und an Salvo Foti, seinen Önologen. Seit 1988 haben die beiden die besten Lagen und die autochthonen Rebsorten ausgewählt und so die Möglichkeiten der Ätnaweine der ganzen Welt nahegebracht. Wir sprechen von einem Terroir, wo die Reben auf Terrassen wachsen, die »*custeri*« heißen und von Trockenmauern gestützt werden, die von Flechten und Moosen bedeckt sind.

Der Rosso Serra della Contessa wird aus Nerello-Mascalese- und Cappuccio-Trauben gewonnen. Die Weinberge befinden sich auf einem erloschenen Vulkankegel, dem Monte Serra, wo die erheblichen Neigungen der Hanglagen den Anbau der Trauben stark beeinflussen. So entsteht ein Wein von raffiniertem Gleichgewicht und rubinroter Farbe, der nach Veilchen, Lakritz, mediterraner Macchia und Rauchnoten duftet. Im Mund verbinden sich die Schmackhaftigkeit und der Samt der Tannine und bleiben lange auf dem Gaumen. Er passt gut zu Fleischspießen und gereiften Käsesorten. *Salute!*

Etna Rosso Serra della Contessa | Rosso DOC | Nerello Mascalese 80%, Nerello Cappuccio 20% | Benanti | Via Garibaldi 361 | 95029 Viagrande (CT) | Tel. 095/7893399 | www.vinicolabenanti.it | benanti@vinicolabenanti.it

BENANTI
BENANTI
SERRA DELLA CONTESSA®
Etna Rosso
Denominazione di Origine Controllata
2011

101 Der Vater des Weinbergs

Wiedergeburt des sizilianischen Mythos ••

»Die Originalität besteht darin, zu den Ursprüngen zurückzukehren.« Dieser Gedanke Antoni Gaudís ist das Erste, was man liest, wenn man die Internetseite des Weingutes öffnet, das Ende der 70er Jahre von Marco de Bartoli gegründet wurde.

Marco hat eine Schlüsselrolle bei der önologischen Erneuerung von Sizilien und von Pantelleria gespielt. Er startet seine Aktivität in der Gemarkung Fornara Samperi, wenige Kilometer von Marsala entfernt. Einige Jahre später beginnt er ein zweites Projekt, um den mythologischen Passito di Pantelleria wieder aus der Taufe zu heben.

Wenn seit November 2014 die Weinstöcke des Zibibbo als Welterbe der Menschheit gelten, ist dies Marco geschuldet, der über viele Jahre mit den ältesten Weinbauern von Pantelleria gesprochen hat und versucht hat, die Geheimnisse der Trocknung der Trauben an der Sonne zu verstehen.

Aus diesen Untersuchungen entsteht 1984 der Bukkuram, arabisch für »Vater des Weinbergs«. Die Lage Bukkuram ist auf einer einzigen Hochebene verortet, die gegen den Südwesten der Insel ausgerichtet ist und 200 Meter über dem Meer liegt. Die Hälfte der Trauben wird Mitte August geerntet. Man lässt sie dann auf Matten, die zwischen den Lavamäuerchen ausgebreitet werden, welken. Die andere Hälfte bleibt an den Pflanzen bis zur ersten Septemberwoche und wird sofort nach der Ernte vergoren. Nach fortgeschrittener Gärung fügt man die getrockneten Trauben hinzu und überlässt alles einer dreimonatigen Mazeration.

Diese Aufmerksamkeit und die sorgfältige Pflege der Reben schenken dem Wein eine perfekte Harmonie zwischen Struktur, Süße und Säure. Mit den Düften von Rosmarin verbinden sich Noten von Aprikosenkonfitüre, getrockneten Feigen, Datteln, Orangenblütenhonig, kandierter Orange und balsamischen Aromen von Kräutern.

Sie können ihn solo trinken oder als Begleitung zu Süßem mit heller Creme oder Schokolade. *Salute!*

Passito di Pantelleria Bukkuram Sole d'Agosto | Bianco Dolce DOC | Zibibbo 100% | Marco De Bartoli | C.da Fornara Samperi 292 | 91025 Marsala (TP) | Tel. 0923/962093 | www.marcodebartoli.com | info@marcodebartoli.com

Marco De Bartoli
Passito di Pantelleria
Denominazione di Origine Controllata
Bukkuram
Sole d'Agosto
2012
Vino ottenuto da uve Zibibbo appassite al sole
Imbottigliato da
Marco De Bartoli & C. s.r.l. - Marsala - Italia
per conto di Soc. Agr. De Bartoli srl
Pantelleria - Italia

102 Sohn des Windes

Ein Wein zum Sonnenuntergang •••

Der Name »Donnafugata« (Frau auf der Flucht) bezieht sich auf die Geschichte der Königin Maria Carolina, Gattin Ferdinands IV. von Bourbon. Um den napoleonischen Truppen zu entkommen, die kurz vor Neapel standen, flüchtete sie sich in jenen Teil Siziliens, in dem man heute die Weinstöcke der Familie Rallo findet.

Das 1983 gegründete Unternehmen ist in Marsala zu Hause, wo sich die historischen Keller befinden, aber der Anbau ist auf drei unterschiedliche Zonen aufgeteilt. Abgesehen von Marsala gibt es Weinstöcke an den Füßen der Rocca di Entella und jene 100-jährigen auf Pantelleria, die heute UNESCO-Welterbe sind.

In dieser letztgenannten Lage wächst der Ben Ryé, das Kronjuwel des Unternehmens. Er wird aus Zibibbo-Trauben hergestellt – ein arabischer Name für den aromatischen Moscato aus Alexandrien. Auch die Bezeichnung »Ben Ryé« hat einen arabischen Ursprung und heißt »Sohn des Windes« – weil der Wind konstant durch die Weinreben dieses Landes weht.

Auch wegen des starken Windes auf Pantelleria werden die Weinstöcke sehr niedrig gehalten. Der strauchartige Anbau »ad alberello« erlaubt den Trieben, den Windstößen zu widerstehen, und den Trauben, näher am Boden zu wachsen und so von der Feuchtigkeit zu profitieren, die dieser tagsüber abgibt. Die Blätter bilden sich zudem um die ganze Pflanze herum und spenden den Beeren Schatten, die sonst von der Sonne verbrannt würden. Das sind extreme Bedingungen, die der Mensch im Laufe der Jahrhunderte zu seinem Vorteil zu nutzen vermochte.

Die Güte dieses Weines ist dafür ein klares Beispiel! Er hat eine leuchtende Ambrafarbe und verführerische Düfte nach trockener Aprikose, Orangenblütenhonig, Safran, Pan di Spagna (eine Biskuitsorte), mit Noten von Salbei und salzigen Nuancen. Er ist raffiniert, süß und weich, aber mit guter Säure. Abgesehen von Süßem mit Ricotta kann man ihn zu Foie gras, Schimmelkäse oder Schokolade trinken. *Salute!*

Ben Ryé | Bianco Dolce DOC | Zibibbo 100% | Donnafugata | Via S. Lipari 18 | 91025 Marsala (TP) | Tel. 0923/724200 | www.donnafugata.it | info@donnafugata.it

Ben Ryé
2012
PASSITO DI PANTELLERIA
DENOMINAZIONE DI ORIGINE PROTETTA
DONNAFUGATA®

103_Der Nabel der Welt

Ein Wein, so warm wie sein Land ••

Wir sind im Nordwesten Siziliens, in der Provinz Trapani. Dieses Land ist über Jahrtausende der Nabel der bekannten Welt gewesen, und alle wichtigen Völker des Mittelmeeres sind hier vorbeigekommen – Normannen, Araber, Griechen, Phönizier und Elymer, um nur einige zu nennen – und jeder hat etwas zurückgelassen, unter anderem natürlich den Weinanbau. Im Umkreis von wenigen Kilometern können wir den antiken Tempel von Segesta, die Saline von Culcasi und die Ausgrabungen des antiken Mothia auf San Pantaleo besuchen oder das Dorf Erice, das auf einem Fels 750 Meter über dem Meer thront.

Auf halbem Weg zwischen dem Gipfel von Erice und Segesta liegt Fulgatore, eine Ortschaft, wo die Cantine Fazio zu Hause sind. Gegründet haben sie 1998 Girolamo und Vincenzo Fazio, die einer Familie mit einer langen Winzertradition entstammen.

Die Weinberge befinden sich auf den Hügeln des DOC-Gebietes Erice. Die besondere geologische Ausprägung der Böden und die Temperaturunterschiede tagsüber schenken den Trauben Düfte, Frische und Schmackhaftigkeit, während die heiße Sonne den Weinen Weichheit und Eleganz verleiht.

Zu Beginn der Winzertätigkeit war die Produktion des Weingutes vor allem auf den italienischen Markt ausgelegt, heute finden sich die Fazios in der ganzen Welt, was auch an dem Unternehmergeist von Lilly liegt, einer entschlossenen und mutigen Frau.

Ein Schmuckstück des Unternehmens ist der Pietra Sacra Rosso Riserva, gewonnen aus reinen Nero-d'Avola-Trauben aus den besten Lagen der Gegend. Nach der Gärung wird der Wein 24 Monate in französischen Barrique-Fässern ausgebaut sowie ein weiteres Jahr in der Flasche. So entsteht ein einnehmender Nektar, von intensiver rubinroter Farbe mit leichten orangen Anklängen. Die Düfte gehen von reifen roten Früchten bis zu Tabak, von Kakao bis Lakritz und schwarzem Pfeffer. Er passt zu rotem Fleisch, geschmort oder gebraten. *Salute!*

Erice Rosso PietraSacra Riserva | Rosso DOC | Nero d'Avola 100% | Fazio | Via Capitano Rizzo 39 | 91010 Fulgatore | Erice (TP) | Tel. 0923/811700 | www.faziowine.it | info@faziowines.it

FAZIO
PietraSacra
ERICE
DENOMINAZIONE DI ORIGINE CONTROLLATA
ROSSO RISERVA 2008

104 Der Wein des Sieges

Die glückliche Eingebung eines englischen Händlers ••

Marsala bezeichnet nicht nur den herrlichen natürlichen Hafen in Sizilien, den die Araber »Mars el Allah«, Hafen Gottes, nannten, sondern auch einen großartigen Likörwein. Seinen Erfolg verdankt er dem englischen Händler John Woodhouse, der 1773 bei einem Sturm Zuflucht in diesem Hafen fand. Als er den Wein der Gegend kostete, war er so begeistert, dass er eine reichliche Menge davon kaufte, um sie in England zu vertreiben. Um den Wein auf der langen Reise zu konservieren, musste er ihn mit zusätzlichem Alkohol anreichern, was den ersten Marsala der Geschichte ins Leben rief.

Einmal in Liverpool angekommen, hatte der Wein einen solchen Erfolg, dass Woodhouse entschied, nach Sizilien zu ziehen, um sein Weinbauunternehmen zu eröffnen. Das ganze 19. Jahrhundert war der Marsala der Lieblingswein der Engländer, die ihrer geliebten spanischen und portugiesischen Weine der Napoleonischen Kriege wegen beraubt waren. Admiral Nelson soll nach jedem Sieg mit einem Glas Marsala angestoßen haben.

Mit dem Ende der Kriege gegen Napoleon und der Rückkehr des Portweines und des Sherrys auf den Markt ließen die Engländer den Marsala fallen, und die Produktion ging an die Familie Florio über, die 1833 ihre historische Kellerei gründete. Die Anlage bewahrt noch heute ihre ursprüngliche Gestalt, ganz in Tuffstein gebaut mit weiten Spitzbögen.

Unter den Weinen des Unternehmens sticht – abgesehen von den historischen Riserva-Weinen des Marsala, von denen manche sogar noch aus dem 19. Jahrhundert stammen – der Riserva Donna Franca (Florio) heraus, der der Königin der Belle Époque gewidmet ist. Es handelt sich um einen Blend von 15 bis 30 Jahre lang gelagerten Likörweinen, ambrafarben und mit einer aufregenden Vielfalt und Intensität von Düften, die von Trockenfeigen bis kandierten Zitrusfrüchten, von Schokolade bis Tamarinde und Chinin reichen. Auf dem Gaumen ist er schmackhaft und salzig mit einer leichten Süße. *Salute!*

Marsala Superiore Semisecco Ambra Donna Franca Riserva | Bianco Liquoroso DOC | Grillo 100% | Florio | Via Vincenzo Florio 1 | 91025 Marsala (TP) | Tel. 0923/781111 | www.cantineflorio.it | info@duca.it

DONNA FRANCA
MARSALA SUPERIORE RISERVA

105 Der Retter von Faro

Ein Wein, eine Garantie •••

Auf dem nördlichsten »Horn« des sizilianischen Dreiecks, auf den Hügeln über der Meerenge von Messina, auf einer Landzunge zwischen dem Tyrrhenischen und dem Jonischen Meer, liegt das DOC-Gebiet Faro, eines der ältesten Siziliens. Der Name scheint von der antiken griechischen Bevölkerung der Pharier zu kommen, die einen großen Teil der Küste von Messina kolonisierten und sich der Landwirtschaft und dem Weinanbau widmeten.

In dieser Gegend Siziliens wurde der Wein schon in mykenischer Zeit (14. Jahrhundert vor Christus) produziert, aber gegen Mitte der 80er Jahre lief der Weinanbau hier Gefahr, verloren zu gehen – aus Mangel an Produzenten vor Ort. Es war damals Salvatore Geraci, anerkannter Architekt und Kulturreferent der Provinz Messina, der nach einem Treffen mit dem großen Meister Gino Veronelli entschied, einen alten Weinberg wiederzubeleben.

Es handelte sich um wenige Hektar mit 70 bis 80 Jahre alten Rebstöcken, die strauchartig angezogen wurden und auf Steinterrassen wurzelten, von denen man eine atemberaubende Aussicht hat. Die Pflege ist notgedrungen manuell und die Rebsorten autochthon: Nerello, Nocera, Capuccio, Tignolino, Core'e palumba, Acitana, Galatena und Calabrese.

Im Jahr 1995, nach einigen Jahren kleiner und privater Weinproduktion, kam der Faro Palari schließlich auf den Markt und war sofort ein großer Erfolg. Dies ist auch der Zusammenarbeit mit dem piemontesischen Önologen Donato Lanati zu verdanken, den Salvatore in den Ferien am Strand von Lampedusa traf und sofort für sein romantisches Projekt gewann.

Von granatroter Farbe, elegant und ausgewogen, duftet der Faro Palari nach Kirschen, Veilchen, Heilkräutern, mit Nuancen, die an Grafit, Eisen, Kardamom und Chinarinde erinnern. Im Mund ist er voll und sehr lecker, reich an Geschmack, aber ausgeglichen durch Säure, Schmackhaftigkeit und seidigen Tanninen. *Salute!*

Faro Palari | Rosso DOC | Nerello Mascalese 50%, Nerello Cappuccio 30%, Nocera 10%, andere 10% | Palari | C.da Barna | 98137 S. Stefano Briga (ME) | Tel. 090/630194 | www.palari.it | info@palari.it

PALARI
FARO
Denominazione di Origine Controllata
Azienda Agricola
PALARI
di Salvatore Geraci

106 Der Stern des Südens

Ein Wein von einem anderen Planeten ••

Die Kellerei Planeta steht nicht nur für eine, sondern für sechs sehr unterschiedliche Arten, sizilianische Weinkunde zu betreiben, und dies auf ebenso unterschiedlichen Böden. Entsprechend zahlreich sind auch die Güter der Familie, auf denen Wein hergestellt wird, und jedes hat sein eigenes Projekt, eine bestimmte Rebsorte zur Geltung zu bringen: Ulmo in Sambuca di Sicilia, Dispensa in Menfi, Dorilli in Vittoria, Buonivini in Noto, Feudo di Mezzo auf dem Ätna und La Baronia in Capo di Milazzo.

Ein wahrhaftiger Rundgang über die Insel. Auf der einen Seite stehen die autochthonen Rebsorten (Grecanico, Carricante, Moscato di Noto, Frappato, Nerello Mascalese und Nero d'Avola), auf der anderen Seite die großen internationalen Sorten (Chardonnay, Syrah, Merlot und Cabernet), die quer über die Insel mit der Sonne und den Winden Siziliens sehr einzigartige Eigenschaften entwickeln können. Mittendrin das visionärste Experiment: die Anpflanzung von Trauben, die für andere Regionen Italiens typisch sind, wie der Fiano aus Avellino.

Genau aus dieser Idee erwächst der Wein, den wir Ihnen hier ans Herz legen. Ein großer Weißwein aus Trauben Süditaliens, der den Vergleich mit den besten Weißweinen der Welt nicht zu scheuen braucht. Der Cometa entsteht auf dem Gut Dispensa bei Menfi. Die Reben wachsen in Sichtweite des Meeres. Niemals werden wir die Begegnung mit Alessio Planeta vergessen, der uns, nachdem er uns kennengelernt hatte, einlud, einen Hügel hinaufzusteigen und einen Aperitif mit Oliven, Pecorino und Wein einzunehmen.

Es ist tatsächlich der Kuss der untergehenden Sonne, den wir in diesem Wein wiederfinden, der intensiv nach Ginster riecht, nach exotischer Frucht, hellem Pfirsich, Zitronatzitrone und mediterraner Macchia, mit großer Struktur, die von Mineralität und Frische ausgeglichen wird. Er passt gut zu rohem Fischcarpaccio, Austern, gegrillten Kammmuscheln, aber auch zu Krustentieren, Seeigeln und Ofenfisch. *Salute!*

Sicilia Fiano Cometa | Bianco DOC | Fiano 100% | Planeta | Contrada Dispensa | 92013 Menfi (AG) | Tel. 091/327965 | www.planeta.it | planeta@planeta.it

PLANETA PLANETA
PLANETA
COMETA
SICILIA
MENFI DOC
2014

107 Die Kellerei von Menfi

Kleine Winzer eines großen Weinbergs •

Die größte Kellerei Siziliens zählt über 2.300 Genossen und 6.500 Hektar Rebland und verarbeitet jedes Jahr 500.000 Doppelzentner Trauben, womit 26 Millionen Flaschen gefüllt werden. Es handelt sich um die Settesoli, den wichtigsten Wirtschaftsfaktor im Gebiet von Menfi und eine der größten Winzergenossenschaften Europas.

Sie wurde 1958 auf Initiative von 88 Genossen gegründet, konnte sich mit den Jahren vergrößern und mit dem Wandel der Zeiten mithalten. Dank einer aufgeklärten Leitung konnte sie ihre Mitglieder überzeugen, ganz auf Qualität zu setzen, was unbedingt nötig ist, wenn man das Publikum und die ausländischen Märkte erobern möchte. Man kann sagen, dass sich die Settesoli der ganzen Region angenommen hat und so die Entstehung von Restaurants, *Agriturismo* (Urlaub auf dem Land) und Weingeschäften gefördert hat. Damit konnte sie das Phänomen der Emigration umkehren. Man muss nur bedenken, dass 70 Prozent aller Familien in Menfi mit der Kellerei zu tun haben.

Die Linie Mandrarossa stellt die Oberklasse der Produktion von Settesoli dar, und der Chardonnay Laguna Secca ist eines ihrer Juwelen. Im letzten Jahr hat er sogar die Silbermedaille bei dem Wettbewerb »Chardonnay du Monde« gewonnen.

Er wird aus Trauben aus dem Menfigebiet im Südwesten Siziliens hergestellt. Die Rebstöcke wachsen auf einem Landstreifen, der in der Vergangenheit vom Meer bedeckt war (daher der Name »Laguna Secca«) und der heute reich an Humus und Mineralsalzen ist. Die Weinernte findet in der Nacht statt, um zu verhindern, dass die hohen Tagestemperaturen in den Beeren eine zu schnelle Gärung in Gang setzen. So entsteht ein Wein von einer schönen strohgelben Farbe mit Düften des sizilianischen Bodens: Feigenkaktus, Orangenschale, Oleanderblüten. Im Mund ist er weich und besitzt ein perfektes Gleichgewicht zwischen Säure und Schmackhaftigkeit. Er passt zu Fischgerichten, hellen Fleischsorten, mittelfesten Käsesorten, Gemüse in Salatsoße und gebratenen Garnelen. *Salute!*

Mandrarossa Chardonnay Laguna Secca | Bianco DOC | Chardonnay 100% | Settesoli | SS 15 | 92013 Menfi (AG) | Tel. 0925/77111 | www.cantinesettesoli.it | info@cantinesettesoli.it

PRICKLY PEAR
BUCCIA D'ARANCIA
ORANGE PEEL
SENTORI DI BUCCIA D'ARANCIA E
FICHI D'INDIA ESTREMAMENTE
MATURI CHE BEN SI INTEGRANO
LEGGERE NOTE DI FIORI DI
OLEANDRO
MANDRAROSSA
CHARDONNAY
LAGUNA SECCA
SICILIA DOC 2014

108_SuperTasca

Emanzipation der sizilianischen Landwirtschaft ••

Mit ihren acht Generationen ist diese Familie mit zwei außergewöhnlichen Orten verbunden und zugleich Teil der sizilianischen Geschichte: mit der Tenuta Regaleali, im Zentrum der Insel gelegen, und der Villa Tasca, Mittelpunkt des gesellschaftlichen und künstlerischen Lebens in Palermo Mitte des 19. Jahrhunderts.

Als Richard Wagner im November 1881 durch die idyllischen Gärten dieser Villa spazierte, fand er die Inspiration für den dritten Akt seines letzten Meisterwerkes, den Parsifal. Die Geschichte des landwirtschaftlichen Unternehmens beginnt 1830, als die Brüder Don Lucio und Don Carmelo Mastrogiovanni Tasca das alte Gut Regaleali kauften: 1.200 Hektar (nach der Agrarreform 500) in der Gegend von Sclafani.

Das Ziel war, ein modernes und spezialisiertes landwirtschaftliches Unternehmen zu schaffen, trotz der tausend Schwierigkeiten eines noch rückständigen Siziliens. In diesem Sinne bedeutete die Familie Tasca eine Emanzipation der sizilianischen Landwirtschaft, als sie auf eine Kultur des Machens setzte und sich für die Erneuerung der Techniken und die unmittelbare Einführung von neuen Kulturen und landwirtschaftlichem Gerät einsetzte.

Das Gut liegt in einer Landschaft von einmaliger Schönheit und erfreut sich eines Mikroklimas, das für den Weinanbau ideal ist, mit täglichen Temperaturunterschieden von über 15 Grad und einer starken Sonneneinstrahlung. Zwischen den Weinbergen liegen Getreidefelder, Mandelbäume, Olivenhaine und kleine Seen.

Hier entstand und entsteht der Rosso del Conte, einer der ersten großen sizilianischen Weine in der Welt. Man gewinnt ihn aus Nero-d'Avola-Trauben, denen eine kleine Menge Cabernet Sauvignon und Franc zugemischt wird. Er ist von leuchtender rubinroter Farbe, duftet nach Rosenblättern, Heidelbeersaft, Schokolade, Kaffee und Tabak. Im Mund ist er reich und kurvig und hinterlässt einen sehr angenehmen Nachgeschmack von Gewürzen. *Salute!*

Sicilia Contea di Sclafani Rosso del Conte | Rosso DOC | Nero d'Avola 62%, Cabernet Sauvignon 30%, Cabernet Franc 8% | Tasca d'Almerita | Tenuta Regaleali | 90020 Sclafani Bagni (PA) | Tel. 091/6459711 | www.tascadalmerita.it

TENUTA REGALEALI
ROSSO DEL CONTE
SICILIA CONTEA DI SCLAFANI
DENOMINAZIONE DI ORIGINE CONTROLLATA
2011
TASCA
CONTI D'ALMERITA

109_Zwischen den Schätzen Sardiniens

Ein Wein zum Genießen ••••

Im Jahr 1938 gründete Antonio Argiolas nach dem Militärdienst sein Unternehmen in Serdiana, einem kleinen Dorf im Hinterland von Cagliari. Er beginnt, Rebreihen zu pflanzen, überzeugt davon, dass diese Böden einen Schatz bergen. Er setzt neue Stöcke und wählt dabei die besten Exemplare von Cannonau, Carignano und Bovale. Einige Jahre später bezieht er den berühmten Önologen Giacomo Tachis (siehe Seite 230) ins Projekt mit ein. Diese Forschungen im Weinberg und im Keller führen dazu, dass Argiolas Labels die Geschichte des sardischen Weines schreiben.

Heute wird die Kellerei von Antonios Söhnen Franco und Giuseppe geleitet, die die Leidenschaft des Vaters für den Weinanbau weiterhin pflegen. Ihnen zur Seite stehen die Ehefrauen Pina und Marianna. Die Jahresproduktion des Unternehmens umfasst zwei Millionen Flaschen. Von diesen tragen 50.000 den Namen Turriga und sind der »Gianfranco Zola« von Argiolas. Ein Wein der Extraklasse mit einer bis dahin unvorstellbaren Langlebigkeit. Die Trauben stammen aus dem Agro del Selegas. Der Boden ist mäßig kalkhaltig, kiesel- und steinreich und weist felsige Stellen auf. Die Weinstöcke erfreuen sich eines mediterranen Klimas, stetem Wind und nur wenig Niederschlägen. Nach einer sorgfältigen Auslese werden die Trauben bei einer Temperatur von 28 bis 32 Grad vergoren. Die Mazeration dauert 16 bis 18 Tage, danach reift der Wein zwei Jahre lang in neuen Barrique-Fässern aus französischer Eiche und wird ein weiteres Jahr in der Flasche ausgebaut.

Das Ergebnis ist wunderbar: In der Nase breitet sich ein Ozean von Düften aus, mit sehr viel roter Frucht, Harz, Sternanis, Ginsterbeeren und Eukalyptus. Der Schluck ist cremig und robust, ein Konzentrat von Kraft und Schmackhaftigkeit. Er ist ideal zu schweren Gerichten, gebraten oder aus dem Ofen und gewürzt, wie etwa der sardische Schweinebraten oder gereifte Käsesorten. *Salute!*

Turriga | Rosso IGT | Cannonau 85%, Carignano 5%, Bovale 5%, Malvasia Nera 5% | Argiolas | Via Roma 28 | 09040 Serdiana (CA) | Tel. 070/740606 | www.argiolas.it | info@argiolas.it

ARGIOLAS
ARGIOLAS
ARGIOLAS
TURRIGA
2011
ISOLA DEI NURAGHI
INDICAZIONE GEOGRAFICA TIPICA
ARGIOLAS
ARGIOLAS
ARGIOLAS
TURRIGA
2011
ISOLA DEI NURAGHI
ARGIOLAS

110_Von Semola zu König Artus

Die Emanzipation des Sulcis •••

Man sagt, dass die erste Zutat für einen großen Wein die Erde ist. In diesem Fall ist es das Sulcis im südwestlichen Sardinien. Hier schuf 1960 eine Gruppe lokaler Weinbauern die Winzergenossenschaft Santadi.

Anfänglich beschränkte sich deren Aktivität auf die Produktion und den Verkauf von Fasswein und einigen Flaschen, jedoch mit dürftigen Resultaten. Mitte der 70er Jahre die Wende: Zuerst tritt ein neuer Verwaltungsrat an, an seiner Spitze der heutige Präsident Antonello Pilloni, der den »Magier Merlin« des italienischen Weines zu sich ruft: Giacomo Tachis, Önologe (oder »Weinpanscher«, wie er sich selbst bezeichnet) und Vater einiger der prestigeträchtigsten Labels des *Bel paese* (siehe Seite 126).

Merlin, Pardon Tachis, verliebt sich sofort in dieses Land. Wie sollte man nicht fasziniert sein von den weißen Stränden, dem türkisblauen Meer und dem Hinterland, das zwischen kahlen Ebenen und geradezu bergigen Hügeln wechselt? Mit seinen Veränderungen im Keller und einer größeren Pflege im Weinberg gelangt die Qualität der schwachen Santadi-Weine zu ganz neuer Stärke.

Der Carignano, eine autochthone Traubensorte, spielt dabei eine führende Rolle. Der Terre Brune wird zum ersten Mal 1984 produziert und gilt heute als einer der Fürsten des sardischen Weines. Dieser Wein hat im Besonderen zwei starke Punkte, die ihn einzigartig machen: die qualitative Konstanz über die Jahre und die ursprünglichen, nicht aufgepfropften Weinstöcke, die wie durch Magie keine klimatischen oder biologischen Schädlinge haben.

Von intensiver rubinroter Farbe, duftet der Wein nach Myrte, Ginster, Lorbeer, Pfeffer, Rose, Pflaume, Heidelbeere, süßen Gewürzen, Tabak und Schokolade. Auf dem Gaumen ist er ziemlich balsamisch, aber äußerst elegant und von tadellosem Stil.

Er ist perfekt zu rotem Fleisch vom Holzkohlegrill mit Kräutern und Gewürzen. *Salute!*

Carignano del Sulcis Superiore Terre Brune | Rosso DOC | Carignano 95% und Bovaleddu 5% | Cantina Santadi | Via Cagliari 78 | 09010 Santadi (CI) | Tel. 0781/950127 | www.cantinadisantadi.it | info@cantinadisantadi.it

TERRE BRUNE®
CARIGNANO DEL SULCIS
DENOMINAZIONE DI ORIGINE CONTROLLATA
Superiore 2011
VITICOLTORI
DELLE BARONIE
SANTADI

111 Gibt es keinen Wein mehr ...

... ist auch die Liebe vorbei ••

Das Weingut Contini gehört zu den ältesten und angesehensten von Sardinien. Es befindet sich in Cabras auf der landschaftlich reizvollen Halbinsel Sinis und wird schon immer in einem Zug mit dem Vernaccia di Oristano genannt, einem Wein, der wegen seiner Komplexität, Eleganz und Konsistenz den höchsten önologischen Ausdruck dieser Erde darstellt. Gegründet 1898 von Salvatore Contini, erhält das Unternehmen bei der Esposizione Internazionale di Milano 1914 die Goldmedaille für seinen Vernaccia und seinen Niedera, einen anderen typischen Wein der Gegend.

Heute wird die Kellerei von Paolo Contini und seinen Söhnen geführt. Die Reben des Vernaccia wachsen im Tal des Tirso bei milden Wintern und sehr warmen Sommern, die allerdings genügend Wind abbekommen. In die beeindruckenden Keller hinabzusteigen, zwischen 100-jährigen Fässern und den Düften des gealterten Vernaccia, ist eine der unglaublichsten Erfahrungen gewesen, die wir gemacht haben.

Bei dieser Gelegenheit hatten wir das Vergnügen, den Vernaccia di Oristano Riserva direkt aus den 100 Jahre alten Fässern zu kosten. Ein unglaublicher Wein, von ambragelber Farbe, duftend nach gerösteten Nüssen und Mandelblüten. Trocken, warm und reich hinterlässt er im Mund einen äußerst lang anhaltenden Mandelgeschmack. Man gewinnt ihn mit einer ähnlichen Prozedur wie den Jerez oder den Vin Jaune aus dem Jura: Nach der Ernte und Pressung der Trauben reift der Wein in alten Fässchen aus Eiche und Kastanie über 20 Jahre, die vorsätzlich nicht ganz voll gemacht werden, um an der Oberfläche die Entwicklung des charakteristischen Hefeflors zu erlauben, der die unverwechselbaren Geschmacksnuancen des Vernaccia di Oristano bewirkt. Optimal zum Abschluss eines Essens, ist er ein Wein der Meditation, aber man kann ihn auch zu Käse oder trockenem Gebäck trinken. *Salute!*

Vernaccia di Oristano Riserva | Bianco DOC | Vernaccia 100% | Contini | Via Genova 48-50 | 09072 Cabras (OR) | Tel. 0783/290806 | www.vinicontini.com | info@vinicontini.com

VERNACCIA DI ORISTANO
DENOMINAZIONE DI ORIGINE CONTROLLATA
RISERVA 1990
CONTINI
VERNACCIA DI ORISTANO
DENOMINAZIONE DI ORIGINE CONTROLLATA
RISERVA 1990
CONTINI

Index nach Preiskategorie

68: Cervaro della Sala - BIANCO IGT - CASTELLO DELLA SALA
69: Torgiano Rosso Rubesco Vigna Monticchio Riserva - ROSSO DOCG - LUNGAROTTI
71: Mater Matuta - ROSSO IGT - CASALE DEL GIGLIO
72: Cesanese del Piglio Superiore Romanico - ROSSO DOCG - COLETTI CONTI
73: Montiano - ROSSO IGP - FALESCO
77: Trebbiano d'Abruzzo Marina Cvetic Riserva - BIANCO DOC - MASCIARELLI
80: Trebbiano d'Abruzzo Vigna Di Capestrano - BIANCO DOC - VALLE REALE
81: Montepulciano d'Abruzzo Terre di Casauria San Clemente Riserva - ROSSO DOC - ZACCAGNINI
82: Molise Rosso Don Luigi Riserva - ROSSO DOC - DI MAJO NORANTE
86: Taurasi Radici Riserva - ROSSO DOCG - MASTROBERARDINO
88: Sabbie di Sopra Il Bosco - ROSSO IGT - NANNI COPÈ
91: Gran Cuvée XXI Secolo - BIANCO SPUMANTE - D'ARAPRÌ
94: Five Roses Anniversario - ROSATO IGT - LEONE DE CASTRIS
99: Gravello - ROSSO IGT - LIBRANDI
100: Etna Rosso Serra della Contessa - ROSSO DOC - BENANTI
101: Passito di Pantelleria Bukkuram Sole d'Agosto - BIANCO DOLCE DOC - DE BARTOLI
103: Erice Rosso PietraSacra Riserva - ROSSO DOC - FAZIO
104: Marsala Superiore Semisecco Ambra Donna Franca Riserva - BIANCO LIQUOROSO DOC - FLORIO
106: Sicilia Fiano Cometa - BIANCO DOC - PLANETA
108: Sicilia Contea di Sclafani Rosso del Conte - ROSSO DOC - TASCA D'ALMERITA
111: Vernaccia di Oristano Riserva - BIANCO DOC - CONTINI

••• 36–50 €

4: Barbera d'Asti Bricco dell'Uccellone - ROSSO DOCG - BRAIDA GIACOMO BOLOGNA
5: Barbaresco Rabajà Riserva - ROSSO DOCG - CASTELLO DI VERDUNO
12: Barolo Cannubi - ROSSO DOCG - MARCHESI DI BAROLO
20: Sforzato di Valtellina Sfursat 5 Stelle - ROSSO DOCG - NINO NEGRI
23: Alto Adige Pinot Nero Barthenau Vigna S. Urbano - ROSSO DOC - J. HOFSTÄTTER
25: Alto Adige Cabernet Sauvignon Lafòa - ROSSO DOC - SCHRECKBICHL COLTERENZIO
31: San Leonardo - ROSSO DOC - TENUTA SAN LEONARDO
33: Ribolla - BIANCO IGT - GRAVNER
34: Capo Martino - BIANCO IGT - JERMANN
51: Chianti Classico Coltassala Riserva - ROSSO DOCG - CASTELLO DI VOLPAIA
53: Bolgheri Superiore Grattamacco Rosso - ROSSO DOC - GRATTAMACCO
55: Vino Nobile di Montepulciano Asinone - ROSSO DOCG - POLIZIANO
85: Costa d'Amalfi Furore Bianco Fiorduva - BIANCO DOC - FURORE MARISA CUOMO
87: Montevetrano - ROSSO IGT - MONTEVETRANO
89: Taurasi Poliphemo - ROSSO DOCG - LUIGI TECCE
92: Primitivo di Manduria Es - ROSSO DOC - GIANFRANCO FINO
96: Castel del Monte Aglianico Bocca di Lupo - ROSSO DOC - TORMARESCA
97: Aglianico del Vulture Il Sigillo - ROSSO DOC - CANTINE DEL NOTAIO
98: Moscato Passito di Saracena - BIANCO DOLCE IGP - CANTINE VIOLA
102: Ben Ryé - BIANCO DOLCE DOC - DONNAFUGATA
105: Faro - ROSSO DOC - PALARI
110: Carignano del Sulcis Superiore Terre Brune - ROSSO DOC - CANTINA SANTADI

•••• 51–100 €

3: Barolo Liste - ROSSO DOCG - BORGOGNO
11: Soldati La Scolca Brut d'Antan Millesimato - BIANCO SPUMANTE - LA SCOLCA
13: Barolo Vigna Rionda Riserva - ROSSO DOCG - MASSOLINO
15: Franciacorta Extra Brut Vittorio Moretti - BIANCO SPUMANTE DOCG - BELLAVISTA
21: Alto Adige Terlano Pinot Bianco Riserva - BIANCO DOC - CANTINA TERLANO
28: Trento Brut Giulio Ferrari Riserva del Fondatore - BIANCO SPUMANTE DOC - FERRARI
30: Trento Brut Madame Martis Riserva - BIANCO SPUMANTE DOC - MASO MARTIS
32: Colli Orientali del Friuli Picolit - BIANCO DOLCE DOCG - LIVIO FELLUGA
38: Amarone della Valpolicella Classico - ROSSO DOCG - ALLEGRINI
41: Amarone della Valpolicella Classico Mazzano - ROSSO DOCG - MASI AGRICOLA
64: Kurni - ROSSO IGT - OASI DEGLI ANGELI
67: Montefalco Sagrantino 25 Anni - ROSSO DOCG - ARNALDO CAPRAI
79: Trebbiano d'Abruzzo - BIANCO DOC - VALENTINI
83: Aglianico del Taburno Bue Apis - ROSSO DOC - CANTINA DEL TABURNO
84: Pàtrimo - ROSSO IGT - FEUDI DI SAN GREGORIO
109: Turriga - ROSSO IGT - ARGIOLAS

••••• Über 100 €

7: Barolo Bricco Rocche - ROSSO DOCG - CERETTO
8: Barolo Monfortino Riserva - ROSSO DOCG - CONTERNO
10: Langhe Nebbiolo Sorì Tildin - ROSSO DOC - GAJA
14: Barolo Villero Riserva - ROSSO DOCG - VIETTI
17: Franciacorta Cuvée Annamaria Clementi Rosé – ROSATO SPUMANTE DOCG - CA' DEL BOSCO
39: Amarone della Valpolicella Vigneto di Monte Lodoletta - ROSSO DOC - ROMANO DAL FORNO
42: Amarone della Valpolicella Classico - ROSSO DOC - GIUSEPPE QUINTARELLI
47: Solaia - ROSSO IGT - ANTINORI
48: Brunello di Montalcino Riserva - ROSSO DOCG - BIONDI SANTI
49: Lupicaia - ROSSO IGT - CASTELLO DEL TERRICCIO
50: L'Apparita - ROSSO IGT - CASTELLO DI AMA
54: Brunello di Montalcino Riserva - ROSSO DOCG - POGGIO DI SOTTO
56: Masseto - ROSSO IGT - TENUTA DELL'ORNELLAIA
57: Bolgheri Superiore Ornellaia - ROSSO DOC - TENUTA DELL'ORNELLAIA
58: Bolgheri Sassicaia Sassicaia - ROSSO DOC - TENUTA SAN GUIDO

Index nach Weinart

Sekte, Perlweine

Weißweine

Rosé

Rotweine

3: Barolo Liste - ROSSO DOCG - BORGOGNO
4: Barbera d'Asti Bricco dell'Uccellone - ROSSO DOCG - BRAIDA GIACOMO BOLOGNA
5: Barbaresco Rabajà Riserva - ROSSO DOCG - CASTELLO DI VERDUNO
7: Barolo Bricco Rocche - ROSSO DOCG - CERETTO
8: Barolo Monfortino Riserva - ROSSO DOCG - CONTERNO
9: Roero Ròche d'Ampsèj Riserva - ROSSO DOCG - MATTEO CORREGGIA
10: Langhe Nebbiolo Sorì Tildin - ROSSO DOC - GAJA
12: Barolo Cannubi - ROSSO DOCG - MARCHESI DI BAROLO
13: Barolo Vigna Rionda Riserva - ROSSO DOCG - MASSOLINO
14: Barolo Villero Riserva - ROSSO DOCG - VIETTI
18: Oltrepò Pavese Barbera La Maga - ROSSO DOC - CASTELLO DI CIGOGNOLA
20: Sforzato di Valtellina Sfursat 5 Stelle - ROSSO DOCG - NINO NEGRI
23: Alto Adige Pinot Nero Barthenau Vigna S. Urbano - ROSSO DOC - J. HOFSTÄTTER
24: Alto Adige Lagrein Abtei Muri Riserva - ROSSO DOC - MURI-GRIES
25: Alto Adige Cabernet Sauvignon Lafòa - ROSSO DOC - SCHRECKBICHL COLTERENZIO
29: Sgarzon - ROSSO IGT - FORADORI
31: San Leonardo - ROSSO DOC - TENUTA SAN LEONARDO
38: Amarone della Valpolicella Classico - ROSSO DOCG - ALLEGRINI
39: Amarone della Valpolicella Vigneto di Monte Lodoletta - ROSSO DOC - ROMANO DAL FORNO
41: Amarone della Valpolicella Classico Mazzano - ROSSO DOCG - MASI AGRICOLA
42: Amarone della Valpolicella Classico - ROSSO DOC - GIUSEPPE QUINTARELLI
46: Sangiovese di Romagna Superiore Avi Riserva - ROSSO DOC - SAN PATRIGNANO
47: Solaia - ROSSO IGT - ANTINORI
48: Brunello di Montalcino Riserva - ROSSO DOCG - BIONDI SANTI
49: Lupicaia - ROSSO IGT - CASTELLO DEL TERRICCIO
50: L'Apparita - ROSSO IGT - CASTELLO DI AMA
51: Chianti Classico Coltassala Riserva - ROSSO DOCG - CASTELLO DI VOLPAIA
52: Chianti Classico Rancia Riserva - ROSSO DOCG - FÈLSINA
53: Bolgheri Superiore Grattamacco Rosso - ROSSO DOC - GRATTAMACCO
54: Brunello di Montalcino Riserva - ROSSO DOCG - POGGIO DI SOTTO
55: Vino Nobile di Montepulciano Asinone - ROSSO DOCG - POLIZIANO
56: Masseto - ROSSO IGT - TENUTA DELL'ORNELLAIA
57: Bolgheri Superiore Ornellaia - ROSSO DOC - TENUTA DELL'ORNELLAIA
58: Bolgheri Sassicaia Sassicaia - ROSSO DOC - TENUTA SAN GUIDO
61: Lacrima di Morro d'Alba Superiore Compagnia della Rosa - ROSSO DOC - CONTI DI BUSCARETO
64: Kurni - ROSSO IGT - OASI DEGLI ANGELI
66: Rosso Piceno Superiore Roggio del Filare - ROSSO DOC - VELENOSI
67: Montefalco Sagrantino 25 Anni - ROSSO DOCG - ARNALDO CAPRAI
69: Torgiano Rosso Rubesco Vigna Monticchio Riserva - ROSSO DOCG - LUNGAROTTI
70: Montefalco Sagrantino - ROSSO DOCG -TERRE DE LA CUSTODIA
71: Mater Matuta - ROSSO IGT - CASALE DEL GIGLIO
72: Cesanese del Piglio Superiore Romanico - ROSSO DOCG - COLETTI CONTI
73: Montiano - ROSSO IGP - FALESCO
74: Montepulciano d'Abruzzo Cagiolo Riserva - ROSSO DOP - CANTINA TOLLO

75: Montepulciano d'Abruzzo Colline Teramane Zanna Riserva - ROSSO DOCG - DINO ILLUMINATI
76: Tullum Pecorino Biologico - BIANCO DOP - FEUDO ANTICO
81: Montepulciano d'Abruzzo Terre di Casauria San Clemente Riserva - ROSSO DOC - ZACCAGNINI
82: Molise Rosso Don Luigi Riserva - ROSSO DOC - DI MAJO NORANTE
83: Aglianico del Taburno Bue Apis - ROSSO DOC - CANTINA DEL TABURNO
84: Pàtrimo - ROSSO IGT - FEUDI DI SAN GREGORIO
86: Taurasi Radici Riserva - ROSSO DOCG - MASTROBERARDINO
87: Montevetrano - ROSSO IGT - MONTEVETRANO
88: Sabbie di Sopra Il Bosco - ROSSO IGT - NANNI COPÈ
89: Taurasi Poliphemo - ROSSO DOCG - LUIGI TECCE
90: Salice Salentino Rosso Selvarossa Riserva - ROSSO DOP - CANTINE DUE PALME
92: Primitivo di Manduria Es - ROSSO DOC - GIANFRANCO FINO
93: Primitivo di Manduria Raccontami - ROSSO DOC - FUTURA 14
95: Primitivo di Manduria Altemura di Altemura - ROSSO DOC - MASSERIA ALTEMURA
96: Castel del Monte Aglianico Bocca di Lupo - ROSSO DOC - TORMARESCA
97: Aglianico del Vulture Il Sigillo - ROSSO DOC - CANTINE DEL NOTAIO
99: Gravello - ROSSO IGT - LIBRANDI
100: Etna Rosso Serra della Contessa - ROSSO DOC - BENANTI
103: Erice Rosso PietraSacra Riserva - ROSSO DOC - FAZIO
105: Faro - ROSSO DOC - PALARI
108: Sicilia Contea di Sclafani Rosso del Conte - ROSSO DOC - TASCA D'ALMERITA
109: Turriga - ROSSO IGT - ARGIOLAS
110: Carignano del Sulcis Superiore Terre Brune - ROSSO DOC - CANTINA SANTADI

Dessertweine

2: Moscato d'Asti Su Reimond - BIANCO DOLCE DOCG - BERA
6: Moscato d'Asti La Caudrina - BIANCO DOLCE DOCG - CAUDRINA
22: Alto Adige Moscato Rosa - ROSSO DOLCE DOC - FRANZ HAAS
27: Alto Adige Gewürztraminer Vendemmia Tardiva Roen - BIANCO DOLCE DOC - TRAMIN
32: Colli Orientali del Friuli Picolit - BIANCO DOLCE DOCG - LIVIO FELLUGA
98: Moscato Passito di Saracena - BIANCO DOLCE IGP - CANTINE VIOLA
101: Passito di Pantelleria Bukkuram Sole d'Agosto - BIANCO DOLCE DOC - DE BARTOLI
102: Ben Ryé - BIANCO DOLCE DOC - DONNAFUGATA
104: Marsala Superiore Semisecco Ambra Donna Franca Riserva - BIANCO LIQUOROSO DOC - FLORIO
111: Vernaccia di Oristano Riserva - BIANCO DOC - CONTINI

Die Autoren

Fede & Tinto sind die unterhaltsamen Stimmen und Gesichter rund um Wein und gutes Essen. Federico Quaranta aus Genua und Nicola Prudente aus Pistoia machen seit zwölf Jahren das Kultprogramm *Decanter* auf Rai Radio 2, das ganz der Welt des Landbaus, des Weines und der guten Speisen gewidmet ist.

Im Jahr 2005 kommen sie schließlich auch ins Fernsehen und machen auf Rai Uno die Sendung *Linea Verde – Orrizonti* (Hotline Horizonte). Zwischen 2011 und 2013 sind sie mit ihrer Sendung *Fuori di Gusto* (Unterwegs mit gusto) auf La7. Seit 2013 macht Fede auf Rai Uno die Sendung *La Prova del Cuoco* (Kochprüfung) und *Linea Verde – Orrizonti* (Hotline Horizonte). Unterdessen ist Tinto auf Rai Due mit *Un Pesce di Nome Tinto* (Ein Fisch namens Tinto) unterwegs, einer Sendung, die ganz der Fischkultur gewidmet ist, vom Meer bis zur Pfanne.

Eigentlich sind sie nur zufällig in die Welt des Weines und des Essens geraten. Doch es ist ihnen gelungen, eine kryptische Welt voller technischer und fachspezifischer Ausdrücke zu entschlüsseln und auf den Boden der Tatsachen zurückzuholen. Dort, wo Geselligkeit und Unterhaltung zu Hause sind. 2008 sind sie ins Guinness-Buch der Rekorde gekommen, weil sie auf der Piazza del Duomo in Spoleto vor Tausenden von Personen mit einem zweieinhalb Meter großen Becher Asti DOCG angestoßen haben.

Andrea Amadei aus Lodi, 28 Jahre, verbringt seine Kindheit in der Küche der Großmutter und seine Jugend im Weinkeller des Vaters. Nach dem Gymnasium vertieft er seine Kenntnisse an der *Università di Scienze Gastronomiche di Parma* und macht einen Abschluss und Master in Kulturorganisation und *Marketing dell'Enogastronomia Territoriale*. Nach einem Treffen 2012 auf der *Vinitaly di Verona* beginnt er seine Zusammenarbeit mit Fede & Tinto. Zunächst ist er Berater für die Fernsehsendung *Fuori di Gusto* auf La7, dann Jurymitglied bei *La Prova del Cuoco* auf Rai Uno, und schließlich Redakteur von *agrodolce.it*. Heute ist er Autor und Korrespondent für die Radiosendung *Decanter Radio2*. Fest davon überzeugt, dass sich in jedem Glas Wein eine Geschichte verbirgt, die es zu erzählen gilt, und ein Terroir, das entdeckt werden will, ist er Tag für Tag mit seinem Notizbuch in der Hand unterwegs, um den perfekten Wein zu finden.

Rosa Tortora, geboren 1991 in der Provinz Salerno, begeistert sich seit 2009 für Fotografie und beginnt Hip-Hop-Events in ganz Europa zu dokumentieren. Sie zieht nach Rom, um eine universitäre Karriere zu beginnen und vertieft ihre Fotografiekenntnisse bei der römischen Foto-Schule *Officine Fotografiche*.